AU CŒUR DE NOS VIES ANTÉRIEURES

EMMANUELLE JOHNSON

AU CŒUR DE NOS VIES ANTÉRIEURES

Découvrir l'histoire de son âme

JouVence éso

De la même autrice aux Éditions Jouvence

Ouvrir les portes de ses vies antérieures
Expérimenter le voyage astral
Le Cahier d'activités des sorcières modernes, ouvrage collectif

Également aux Éditions Jouvence

Le Soleil de l'après-vie, Amandine Adnot
Vibrations : se reconnecter à ses pouvoirs invisibles, Clélia Félix
Astro : le livre du Feu, Steeven Forrest
Les Secrets de notre conscience, David Perroud
Conversations magiques avec nos guides, Lee Harris et Dianna Edwards
(traduit par Emmanuelle Johnson)

Éditions Jouvence
Route de Florissant, 97 – 1206 Genève
Site Internet : **www.editions-jouvence.com**
E-mail : info@editions-jouvence.com

Catalogue gratuit sur simple demande

ISBN : 978-2-88953-838-6

Couverture : François Lamidon
Photo de l'autrice : Eirin
Illustrations : couverture Adobestock © dimensdesign;
intérieur Adobestock p.17, 27, 53, 67 et 119 © karnografff,
p.89 © Georgios Kollidas, p.102 © fogbird, p.135 © Juulijs.
Correction : Céline Dutt
Mise en pages : Valérie Boukobza

Dear Anne,
May the memories of old times remain in a cloth of gold,
I recall the joy and the terror,
the laughter and the tears and my heart cherishes it all;
as it learned that there were no farewells.
May God still enlighten your path as your presence
enlightens my earthly days.

Chère Anne,
Puissent les souvenirs des jours anciens demeurer
dans un drap d'or,
Je me souviens des joies et des peurs,
des rires et des larmes,
et mon cœur en chérit chaque moment, puisqu'il sait
maintenant qu'il n'y a pas d'adieux.
Puisse Dieu continuer à éclairer ton chemin tout comme
ta présence éclaire mes jours terrestres.

« Fear no one »
(Ne crains personne)
Thomas More à Elizabeth Seymour

« Believe nobody »
(Ne crois personne)
Thomas Cromwell à Elizabeth Seymour

« L'histoire n'est pas le passé, c'est la méthode que nous avons élaborée pour organiser notre ignorance du passé. »
Hilary Mantel

« Derrière l'Histoire, il y a une autre histoire. »
Hilary Mantel

Il était une fois nos âmes…

Sommaire

Avant-propos

Les vies antérieures me suivent depuis ma plus tendre enfance. J'ai toujours grandi avec l'impression d'un « ailleurs », d'un autre chose. Je peinais à trouver ma place à l'école ou avec mes camarades, et on ne peut pas dire que les années 1990 ont été propices à l'ouverture d'esprit en matière d'ésotérisme et de sciences « inexpliquées ». J'ai donc fait le constat rapide qu'il valait mieux savoir tenir sa langue sur certains sujets si je voulais me faire une petite place dans ce monde tonitruant, empli de certitudes et parfois méprisant face à des idées ou des ressentis différents de la norme collective. Je grandis au sein d'une famille aimante et entourée d'amis, j'étais socialement « bien intégrée », mais l'ennui des récits et des conversations quotidiennes pouvait rapidement me rappeler à ma différence : je manquais. Je manquais de nourriture spirituelle, je manquais de réponses à mes questions. Pourquoi ressentais-je le monde différemment ? Pourquoi avais-je la sensation d'appartenir à un ailleurs ? Pourquoi étais-je nostalgique d'une époque vieille de plusieurs siècles et de ses souvenirs ? Pourquoi ne me sentais-je pas toujours en adéquation avec ma culture ? Qui aurait un jour la réponse à ces questions ? En attendant un possible éclaircissement, je continuai mon chemin en empruntant un cursus de psychologie. Je m'intéressais particulièrement aux neurosciences, vivier potentiel de réponses à toutes mes questions. Mes études m'apportèrent une connaissance théorique des plus captivantes, mais rien qui ne permettait d'identifier le fil rouge de mes ressentis. Alors, au milieu de ce parcours, je décidai de m'écouter et d'aller nourrir cette partie de mon être en quête de réponses. Je me suis mise à « chercher », à « écouter » et à « ressentir » mes mémoires de vies passées, et c'est de ce chemin que je vous parlerai, un chemin parfois effrayant, mais surtout éclairant, majestueux, et ô combien libérateur. Mais à l'heure où j'écris ces premières lignes, le doute et l'appréhension m'envahissent. Comment évoquer un sujet aussi intime et personnel que les vies antérieures sans risquer de s'exposer au jugement ? Mais la vie n'est-elle pas un risque permanent ? Ce livre est pour moi la confidence ultime de mes recherches et de mon parcours personnel rempli de joies, mais aussi d'embûches. Il est par ailleurs le livre de l'apaisement, du « sortir au jour », de l'ultime cheminement intérieur. Ce livre ne transmet pas d'absolue vérité, il transmet ma vérité, celle de mon cœur et de mon âme. J'ai fait le choix de l'expression de l'expérience et du souvenir en vous en livrant les joies et les difficultés qui les jalonnent. Comment ai-je cheminé avec mes souvenirs de vies passées ? Comment se sont-ils révélés à ma conscience ? Comment les ai-je transformés afin qu'ils deviennent ma force d'aujourd'hui ? Quel travail tout cela a-t-il demandé ? Quels ont été les pièges ? Quelles conclusions personnelles ai-je pu tirer de leurs fonctionnements intrinsèques ?

Il est l'heure d'embarquer pour le « Bereshit » (terme hébreu, premier mot de la Torah, qui signifie « au commencement ») : commençons par le commencement, traversons les méandres des secrets les mieux gardés de l'âme afin d'essayer d'atteindre la berge qui nous mènera au cœur du processus.

Gardez à l'esprit que l'âme veille avec amour sur ses souvenirs de vies passées, il ne tient qu'à nous de nous autoriser à décrypter son fonctionnement et son langage. Qu'on se le dise, nous n'en saisirons qu'une infime partie, celle que notre condition humaine est en mesure de comprendre et recevoir. J'ai l'intime conviction que l'initiation aux vies antérieures nous permet une meilleure connaissance de soi et de l'univers. Ne dit-on pas que pour savoir où l'on va, nous devons savoir d'où nous venons ? Alors, l'évidence s'est imposée à moi après plusieurs années. Je devais écrire. Je devais parler de ce parcours. Je devais parler de mes expériences. Et lever le tabou des vies antérieures à ma manière. Cela prit du temps, beaucoup de temps. Étais-je légitime pour évoquer ce sujet ? Et puis, l'univers, dans son infinie bonté, me montra le chemin : celui des rencontres, des synchronicités, de l'éveil et de la guérison de l'être. Je ne savais pas encore que ce livre serait un allié sur ce chemin, il allait m'aider à dépasser mes peurs et à sortir de ma zone de confort. Je vous emmène maintenant dans ce voyage au cœur de l'âme que nous nous figurerons tel un jardin bucolique, au milieu duquel s'érige une demeure : celle de la réincarnation. Nous nous dirigerons vers elle et nous y entrerons en conscience et en confiance, nous explorerons chaque pièce dans la foi et la bienveillance afin de comprendre les tenants et les aboutissants d'un des mystères les plus mystérieux et les mieux gardés de l'âme.

Alors, avant de me lancer, je relis les conseils avisés de Thomas More [1] lorsque lui-même hésitait à publier un de ses ouvrages : « Donne le meilleur pour faire de cette production un succès, ne gâche pas toute la pièce juste parce qu'il t'arrive de penser que tu en préférerais une autre. Je suis responsable de mon travail, et seulement de mon travail, pas de la crédibilité d'autrui [2]. »

Chère lectrice, cher lecteur, je vous souhaite une plongée folle et magique au cœur des vies antérieures. Puisse ce livre contribuer à votre cheminement d'âme incarnée.

---

1. *Lord Chancellor* d'Angleterre de 1529 à 1532. Avocat, auteur et traducteur exécuté pour trahison en 1533.
2. Traduction de l'autrice.

Le portail « âme »

En ouvrant ce livre, vous passez le grand portail de l'« âme ». Bienvenue à vous, bienvenue au cœur de la « **Nephesch** » qui, en hébreu, signifie « souffle de vie », « énergie vitale ». Elle habite nos corps incarnés et nous mène aux expériences tant humaines que subtiles. Sans elle, l'homme n'est pas, son être ne peut ni rayonner ni émettre. Sans elle, il ne peut faire partie du tout dans lequel l'humain et toutes les énergies confondues sont imbriqués. Ce portail ouvre sur un magnifique jardin bucolique, parsemé d'une nature qui évolue à son rythme, car, oui, l'âme est un jardin, et chaque jardin est unique, a son charme, ses spécificités, et doit être nourri et entretenu pour manifester toute sa beauté. Au cœur de ce jardin se trouve une belle demeure : celle des réincarnations. Là encore, chaque demeure présente une architecture unique avec, toutefois, un nombre commun de pièces à explorer, à savoir cinq. Celles-ci peuvent révéler le parcours d'incarnation d'une âme à la conscience. Je vous invite donc à vous connecter à votre âme. Entrez dans votre jardin et laissez-vous guider par la demeure de la réincarnation.

Vous en traverserez les pièces et pourrez prendre le temps qu'il vous faudra pour les explorer. Ne vous en faites pas, le sentier sera balisé de lumière et de présences réconfortantes, aucune porte ne se refermera pour vous garder prisonnier.

Avant d'entrer, permettez-moi une dernière remarque. Je sais à quel point les vies antérieures font pétiller l'âme et bouillonner l'esprit de questions. Nous aimerions tous connaître nos « anciennes histoires de vie », ce que nous avons pu y faire de bon ou moins bon (car oui, ne nous leurrons pas, nous n'avons pas toujours été de bons samaritains sauvant la veuve et l'orphelin). Mais je sais aussi à quel point notre esprit peut être envahi par la peur à l'idée d'imaginer l'existence « d'autres vies ». C'est aussi sûrement pour cela que nous sommes toujours plus attirés par leur finalité que par l'essence de leur expérience. Cependant, si nous voulons comprendre leur nature et leur substance, il faut en atteindre le cœur, car les vies antérieures sont un chemin à elles seules, elles sont une partie des vaisseaux qui constituent notre âme voguant ou non à notre conscience par des chemins encore flous et inexpliqués. Elles sont une véritable initiation pour notre être incarné. Elles nous font prendre de la hauteur sur notre condition et sont un outil pour mieux comprendre et appréhender notre passage sur terre en nous inspirant des énergies du passé et insuffler ainsi un meilleur présent. Mais surtout, elles bousculent nos croyances et ébranlent nos certitudes. Malheureusement, elles sont bien souvent vues comme de vulgaires reliquats du passé, juste assez intéressants pour émoustiller notre curiosité humaine et satisfaire un ego (du moins, l'espère-t-il) avec une ancienne mémoire « glorieuse ». Soyez sûr qu'elles sont bien plus que cela, elles sont l'empreinte, l'or et les cicatrices de notre âme, même si, durant notre incarnation terrestre, elles tendent à rester discrètes afin de ne pas ombrager notre apprentissage humain. Elles se manifestent de temps à autre sous bien des formes, à peine palpables, pour nous guider. Elles sont un murmure de l'âme au milieu du brouhaha humain si mental et égotique. Elles sont la formule alchimique qui nous fait prendre conscience de l'or de notre être que nous pensions n'être que plomb. Elles alignent leurs miroirs pour réfléchir la lumière que notre âme porte en elle et qui ne cherche qu'à briller.

Une fois que vous aurez franchi le portail de l'âme, merci de le refermer derrière vous. Souvenez-vous que de précieuses confidences vous seront livrées et que « si vous devez juger, jugez au mieux [3] », comme l'a dit un temps une « ancienne amie ». Ne vous inquiétez pas si vous voulez faire demi-tour, il vous suffira de rebrousser chemin et de sortir. L'âme n'est pas une prison, oh non… elle est un de ces incroyables joyaux de l'univers qui nous façonne avec amour et bienveillance, elle ne juge pas, elle est, et elle vous tient la main si vous le souhaitez.

3. Phrase attribuée à Anne Boleyn sur l'échafaud.

LE SAVIEZ-VOUS ?

Le mot « réincarnation » signifie littéralement « retour dans la chair ». Elle implique la survie d'une entité immatérielle et individuelle nommée, selon les cultures, « âme », « énergie vitale », « esprit » ou encore « conscience » pour la physique quantique. Cette entité à part entière passerait alors d'un corps à un autre afin d'expérimenter différentes vies successives. Les vies précédant l'incarnation présente sont alors désignées sous l'expression « vies antérieures ».

Après avoir arpenté un moment le jardin qui figure votre âme, vous apercevez la demeure de la réincarnation. Vous pouvez vous y diriger sans crainte. Une fois devant, prenez le temps d'admirer sa façade, ressentez les informations qu'elle vous transmet juste par son extérieur. Lorsque vous êtes prêt, poussez la porte d'entrée. Vous pénétrez dans le hall dont vous seul connaissez les formes, les contours et la décoration. Tout autour se dessinent cinq portes, tournez dans le sens des aiguilles d'une montre et ouvrez la première porte (prenez garde aux escaliers, certaines portes peuvent mener aux étages selon l'architecture de la demeure).

Porte 1

La salle des traditions

« Ab aliss post mortem transire ad alios. »

(« Et après la mort, passent à d'autres corps. »)

Jules César

Vous voici au cœur de la salle des traditions, là où la fresque du monde se dessine. Aux murs, des peintures, des représentations, du papyrus d'Ani, qui compose en partie le *Livre des morts* de l'Égypte antique et dans lequel l'âme et la réincarnation tiennent une place fondamentale, en passant par l'*Homme de Vitruve* de Léonard de Vinci, symbole allégorique de l'homme placé au centre de l'univers, les fresques de Chevenard sur la migration de l'âme ou les œuvres de Louis Janmot, *Le Poème de l'âme*, qui narre la vie d'une âme sur terre et tant d'autres ! Toutes dépeignent les cultures du monde et les grands mouvements philosophiques et religieux qui sont la source de nos connaissances théoriques sur les vies antérieures aujourd'hui. Prenez le temps, regardez-les toutes, vous serez en accord avec certaines, en désaccord avec d'autres, rien n'est grave, seul votre ressenti compte. Rappelez-vous que pour savoir où nous allons, il est bon de comprendre d'où nous partons, et force est de constater que l'histoire ne nous laisse pas sans rien à ce sujet : de nombreux mouvements sociospirituels et théologiques intégraient la réincarnation dans leurs croyances. Pour certains, elle n'était même plus une supposition, mais une certitude. Voici deux mouvements de la période antique qui influencèrent par la suite la majorité des mouvements de pensées philosophiques et religieux.

La palingénésie ou l'éternel retour

Le terme « palingénésie » signifie « naître à nouveau » en grec. Ce mouvement nous vient tout droit de l'ancienne Mésopotamie. Il s'est construit en parallèle des travaux des astronomes babyloniens. En effet, ces derniers avaient découvert que les révolutions annuelles du soleil et de la lune sont des sous-multiples d'une même période nommée Grande Année. Au terme de celle-ci, la lune et les planètes reprennent leur position initiale par rapport aux étoiles fixes. Ils en conclurent que la vie de l'univers est périodique, qu'elle repasse éternellement par les mêmes phases, suivant un rythme perpétuel. Les âmes étant des composantes de l'univers, elles subiraient en toute logique la même rythmique, les corps de tous règnes (humain, animal, végétal, minéral) leur serviraient alors de vaisseaux d'attache pour perdurer dans la matière.

La palingénésie est surtout marquée et reprise par le mouvement religieux grec orphique. L'orphisme base son précepte religieux sur la souillure originelle de l'âme (que l'on retrouve par le péché originel dans la chrétienté), alors vouée à des cycles de réincarnation dont seules les initiations successives lui permettront d'unir l'humain et le divin. Ce mouvement connut un essor vers le IVe siècle et nous laisse aujourd'hui un ensemble de textes, d'hymnes et de gravures appelées « Lamelles d'or ». Il inspire plus tard le mouvement stoïcien.

Voici ce que le philosophe grec Proclos écrit à ce sujet : « Quand l'âme des bêtes et des oiseaux ailés a jailli hors du corps… elle voltige là même, inutile, jusqu'à ce qu'un autre animal la ravisse, mêlée au souffle de l'air… Les mêmes, dans les demeures, deviennent les uns des pères et pères et fils et épouses aux beaux atours et mères et filles, par des générations qui se succèdent l'une l'autre… L'âme humaine, selon de certains cycles de temps, passe dans des animaux, de celui-ci en celui-là ; tantôt elle devient un cheval, tantôt un mouton, tantôt un oiseau terrible à voir… ou bien elle rampe sur la terre divine, rejeton des froids serpents[4]. »

La métempsychose

La métempsychose trouve son origine dans le berceau de l'Égypte antique. Elle est animée par la croyance que l'âme peut s'incarner successivement dans différents règnes (humain, animal, végétal, minéral). Certains adeptes de cette croyance, tels que Pythagore, pensaient que cette transmigration de l'âme n'était pas forcément tenue à un but, une punition ou une récompense, mais qu'elle pouvait avoir lieu de manière hasardeuse ou en choix avec des affinités partagées par d'autres âmes (ce que nous nommons aujourd'hui « familles d'âme »).

Pour la métempsychose, chaque règne est fondamental et doit être traité avec égard et respect puisqu'ils sont tous,

---

4. *Orphée*, fragments 223-224, éd. Kern, tirés de Proclos, *Commentaire de* La République *de Platon.*

Quel que soit l'angle sous lequel nous l'observons, la réincarnation a toujours occupé les esprits et les cultures du monde. Le concept a pu se transformer et évoluer au gré des époques et des sociétés, mais l'esprit collectif semble cultiver l'intime conviction que la mort n'est qu'un passage.

à un moment donné, incarnés par une âme.

La métempsychose n'est pas à confondre avec la métensomatose, qui est une variante de la réincarnation bouddhique. Les concepts védiques (bouddhistes et hindouistes) impliquent le passage d'un corps à un autre sans la croyance en l'âme. Ainsi, seuls les traits psychologiques, intellectuels et génétiques migreraient d'un corps à un autre après la mort. La personne réincarnée pourrait alors retrouver certaines capacités et habiletés connues dans une incarnation précédente soit naturellement, soit par introspection, le tout associé à la notion de karma (conséquences positives ou négatives d'actions effectuées dans une vie passée pouvant se présenter sous une forme de récompense ou de punition dans la vie présente) et de dharma (chance et malchance).

Bien sûr, ces grands mouvements ne se sont pas cantonnés aux cultures égyptiennes, grecques, mésopotamiennes ou védiques. On retrouve ces théories dans les cultures celtes et romaines, et très amplement dans la littérature de la kabbale.

Quel que soit l'angle sous lequel nous l'observons, la réincarnation a toujours occupé les esprits et les cultures du monde. Le concept a pu se transformer et évoluer au gré des époques et des sociétés, mais l'esprit collectif semble cultiver l'intime conviction que la mort n'est qu'un passage, et que l'âme, dans son chemin d'évolution, revient encore et encore pour perpétuer ses apprentissages et ses expériences.

Alors, de nombreuses questions s'imposent à notre esprit sur le fonctionnement, l'essence et l'utilité de ces mémoires. La réincarnation concerne-t-elle tout le monde ? Sommes-nous tous capables de nous souvenir ? Comment accéder à ces mémoires enfouies ? Ce sont des questions qui peuvent déranger les esprits hermétiques, car si nous admettons l'existence de vies passées et de retour à la vie après la mort, alors nous admettons que l'âme existe, qu'elle est non-matière, non palpable, constante et vouée à une certaine forme d'initiation. Il ne manquerait plus que des instances supérieures invisibles soient chargées de tout cela ! Quand on y réfléchit, c'est un concept plutôt fou, non ? Pourtant, dans bien des pays du monde, les vies antérieures sont inhérentes à la vie et au quotidien des populations. Sans honte, sans tabou, sans même se poser la question du pourquoi ni du comment, ***elles sont***, puisque lorsqu'un système de pensées accepte les témoignages et les ressentis des uns et des autres comme postulat, le doute s'efface. Dans nos pays judéo-chrétiens, les vies antérieures relèvent de la croyance mystique et de la superstition. Ce sujet a longtemps fait l'objet de moqueries, mais nous verrons que les choses tendent à s'apaiser depuis que certains scientifiques mettent cartes sur table et ne se ferment pas au débat, voire s'ouvrent à une recherche d'éléments matériels et quantiques.

Ces débats et ces recherches ont notamment donné naissance à la théorie du biocentrisme énoncé par le Dr Lanza.

Robert Lanza est docteur en médecine régénérative et physicien de mécanique quantique. Il est également le directeur scientifique de The Advanced Cell Technology Company (institut pharmaceutique qui développe des thérapies à base de cellules souches, en particulier pour traiter les maladies dégénératives de l'œil). Lors de la sortie de son livre *Biocentrisme : Comment la vie et la conscience sont les clés pour comprendre la nature de l'univers*, il attise la curiosité et le débat en prônant la théorie de la vie par-delà la mort physique. Nous pouvons facilement imaginer le monde scientifique en ébullition à la lecture d'une telle annonce ! Mais que dit la théorie du biocentrisme ?

Elle met en avant la conscience et la vie au centre de l'univers. Autrement dit, l'univers se crée grâce à la vie et à la somme des consciences, et non l'inverse. Cette somme des consciences crée alors la réalité qui est la nôtre ainsi que tous les concepts qui y sont reliés, tels que la mort, le temps et l'espace. Pour le Dr Lanza, la conscience est une énergie créatrice, à l'origine des rouages de l'univers et constamment connectée à ce dernier. Le corps physique n'est qu'un réceptacle, une antenne, et lors de la mort, cette conscience s'extrait du corps et se déplace vers un autre réceptacle, une autre enveloppe. Ces considérations rejoignent celles d'Einstein, qui affirmait que l'énergie dans toutes ses formes, y compris celle de la conscience, ne pouvait être détruite : elle peut se transformer, se déplacer, mais en aucun cas être annulée.

Ainsi, le Dr Lanza tente, par la mécanique quantique, de démontrer l'immortalité de l'âme et du transfert de son énergie vers des corps physiques successifs.

Il n'est pas le seul à étudier la persistance de la conscience (âme) après la mort. Certains physiciens quantiques la situent même dans les microtubules de notre cerveau. Elle serait construite grâce aux informations condensées de l'univers transmises à ces microtubules par le « mode antenne » de notre cerveau. À la mort, l'information quantique n'est pas détruite (puisqu'elle est énergie), elle s'extrait et se déplace (selon le Dr Hameroff, médecin anesthésiste et professeur américain reconnu pour ses études sur la conscience).

Les travaux menés en physique quantique sont remarquables et uniront peut-être un jour définitivement science et spiritualité. Cependant, n'oublions pas que dans toute bonne énigme, la clé est dans l'évidence mise en lumière par l'expérience, cette dernière ligne à franchir qui nous permet d'apaiser nos craintes et d'effacer nos doutes sur l'invisible. Nous pouvons avoir des convictions, des certitudes, des vérités intérieures, mais sans l'expérience, elles garderont toujours un goût d'inachevé. En revanche, en les laissant s'exprimer, en en faisant des postulats intérieurs forts, elles deviendront un objet de foi.

Porte 2

La salle de l'incarnation

Après ce petit tour dans la salle des traditions, vous reprenez quelque peu vos esprits (sans mauvais jeux de mots) : autant d'informations en si peu de temps peut donner le tournis ! Soudain, votre œil est irrésistiblement attiré par la porte suivante, sa poignée dorée scintille, vous ouvrez et entrez dans la salle de l'incarnation.

Je m'incarne, pourquoi ?

Les courants qui adoptent la réincarnation comme une évidence s'accordent tous sur le fait qu'elle est un choix de l'âme. Les différences de points de vue résident notamment dans la manière dont le choix s'effectue et le but de ce retour de l'âme dans un nouveau corps, un nouvel espace et un nouveau temps. Il serait bien prétentieux de se positionner sur qui a tort et qui a raison. Comme disait mon grand-père, il y a la version A et la version B, et la vérité se trouve quelque part au milieu, mais essayons déjà de déblayer la route ! Rappelons que je livre ici des idées qui n'ont pas valeur de vérité universelle, mais qui sont juste l'écho de mes recherches, de mes ressentis et de mes expériences. Libre à vous d'établir vos conclusions sur le sujet.

Le hasard ?

Tout d'abord, le courant de la métempsychose propose la théorie de « la réincarnation par hasard », par but ou par affinités. À titre personnel, je ne me sens pas en accord avec la théorie du « hasard ». Je conçois mal un système aussi complexe que le monde subtil et les instances de l'univers qui se livrerait à un jeu du hasard comme une bande de vieux amis se livreraient à un tournoi de poker. D'ailleurs, le mot « hasard » est lui-même dissonant avec le monde énergétique puisque tout a raison d'être, d'exister et de communiquer. Comme le disait Albert Einstein, « le hasard, c'est Dieu qui se déguise pour passer incognito » !

L'incarnation dans un but précis ?

Voici une considération aux antipodes de la première, qui me semble avoir plus de sens, même si certaines croyances limitantes ont la vie dure. Car de quel but parlons-nous ? L'âme, entité immatérielle située sur un plan vibratoire élevé, est bien trop éloignée de notre dimension restreinte pour se préoccuper des « états d'âme » humains (sans mauvais jeu de mots). Non, nous ne nous incarnons pas pour résoudre un ancien conflit de voisinage ou pour honorer une promesse faite à une amie dans une vie passée, sous peine d'être châtié. L'âme s'incarne pour expérimenter toutes les facettes des énergies universelles : l'amour, la haine, la souffrance, le pardon, la jouissance, l'abondance et tant d'autres. La kabbale mentionne même un point tout particulier que je trouve magnifique, celui de la réincarnation pour autrui. Autrement dit, une âme pourrait se réincarner pour un cycle non pas pour son évolution personnelle, mais pour accompagner une autre âme dans son chemin terrestre, un ange terrestre en quelque sorte.

L'âme s'incarne donc sans peine, sans jugement, sans crainte, elle embrasse sa nouvelle incarnation pour son évolution et pour ainsi se rapprocher du divin et de la source universelle. C'est ce qui est d'ailleurs évoqué dans la palingénésie : l'âme suit des cycles de réincarnation afin de se libérer de certains schémas, d'expérimenter pour unir l'humain et le divin.

Choix solo ou choix « corporate » ?

Lorsque nous parlons de choix, nous parlons de la capacité de l'âme à conscientiser son chemin et à orienter le travail de sa prochaine incarnation. Il est intéressant de se demander comment se fait ce fameux choix. L'âme est-elle dotée, à elle seule, d'un genre de libre arbitre total ou partiel, ou subit-elle les influences d'instances supérieures ou celles d'autres âmes ?

Penser l'énergie pour penser l'âme

Penser que l'âme choisit seule sa prochaine incarnation est à mon sens une erreur, une croyance nourrie par une pensée linéaire propre à l'humain. Nous considérons l'énergie comme une pyramide, une hiérarchie, cela appartient à la pensée linéaire. « Je suis sur un niveau donné, et il y a des niveaux inférieurs et supérieurs au mien. » Voici un exemple de représentation linéaire et pyramidale, elle aussi largement figurée par la pensée humaine.

Représentation linéaire de l'énergie

Énergies négatives –> Énergie du bas astral –> Énergies humaines –> Énergies lumineuses –> Énergies guides ou angéliques

Représentation pyramidale de l'énergie

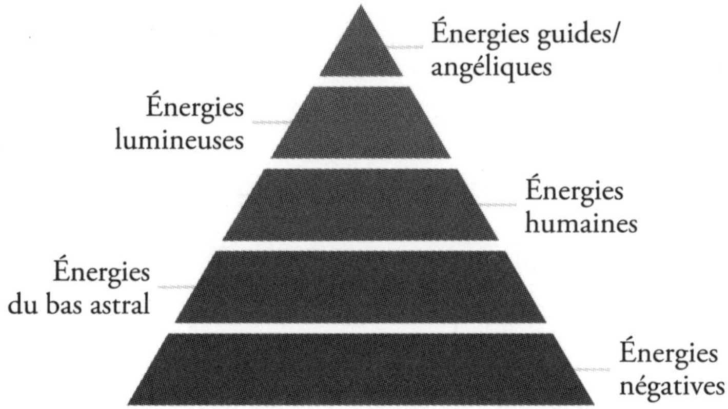

Notre humain aime se figurer ces systèmes de compréhension par confort. Il est important et rassurant pour notre mental de classifier des « niveaux », cela nous permet d'y voir « plus clair » et d'avoir un ordre établi des choses. Sur ces deux modèles, nous avons tendance à percevoir l'interaction de manière compartimentée : il y a les autres et il y a nous, comme s'il y avait une sorte de frontière entre chaque

« type » d'énergies et un système de communication « ouvert/fermé ». Cependant, nous avons conscience que ces niveaux vibrent de manière différente, ils disposent d'une forme de fréquences individuelles que nous aimons classer par –/+ ou bas/haut, chaque niveau possédant sa propre « identité ».

Néanmoins, la construction de ces modèles est illusoire. Oui, chaque niveau a sa propre vibration et joue sa propre musique. Mais chaque note émise a une identité et agit sur la partition entière. Voyez l'univers comme un grand orchestre où chaque note, chaque instrument et chaque musicien sont importants. Par leurs caractéristiques, ils ont tous un impact sur l'orchestre et sa rythmique.

Dans le livre de Lee Harris, *Conversations magiques avec nos guides* [5], que j'ai eu le bonheur de traduire, les guides expliquent que l'énergie prend la forme d'une spirale, que tous les niveaux et les dimensions gravitent autour de nous, et qu'ils fonctionnent comme des vases communicants et nous marquent inconsciemment parce que nous aussi, nous faisons partie de ce grand orchestre ! Ces propos rejoignent les théories quantiques générales et confortent l'idée que les âmes sont des énergies incluses dans le tout, elles s'influencent les unes les autres. *De facto*, le choix d'incarnation ne peut se faire seul.

---

5. *Conversations magiques avec nos guides* (Éditions Jouvence, 2023) est un ouvrage de Lee Harris et Dianna Edwards au travers duquel Lee Harris canalise des messages à valeurs universelles de ses guides grâce aux questions posées par la psychothérapeute Dianna Edwards.

Penser la loi universelle de l'unité pour penser la connexion des âmes

Nous nous considérons comme des êtres individuels, dotés d'une âme, d'un esprit (le véhicule de nos émotions qui permet d'intégrer l'âme), d'un corps et d'une identité. Nous évoluons au sein d'un groupe familial et sociétal dans lequel nous tenons un rôle défini. Pour ce faire, il nous arrive de porter un masque et de répondre aux attentes du groupe, mais nous oublions souvent ce qui nous relie aux autres membres. Nous sommes certes des êtres individuels et à part entière, mais nous sommes tous unis sur un plan énergétique. Nous répondons à une loi fondamentale de l'univers : la loi de l'unité, celle qui implique que tout est un dans l'univers et que cet univers intègre tout ce qui existe, quelle que soit sa fréquence. Comprendre la loi de l'unité, c'est comprendre que les énergies ne sont pas séparées et que toute forme de vie est interdépendante et interconnectée aux autres. Nos âmes, donc, même si elles présentent un caractère unique et individuel, sont liées entre elles, il est donc logique qu'elles s'influencent les unes les autres, un peu comme l'effet papillon : « Le battement d'ailes au Brésil peut-il provoquer une tornade au Texas ? » Outre le côté « théorie du chaos » que représente cette expression, elle illustre parfaitement l'interconnexion des énergies entre elles, un événement impacte toute la prochaine série d'événements.

L'influence des âmes entre elles peut aussi se mesurer dans le subtil. Prenons l'exemple de la médiumnité, lorsque

Que nous parlions de physique quantique ou de lois universelles de l'univers, nul doute que les âmes communiquent, s'influencent et s'impactent entre elles.

le médium (l'humain donc) est en contact avec l'âme d'un défunt et qu'il se met soudain à ressentir des émotions qui ne lui appartiennent pas, mais qui appartiennent à la dernière incarnation du défunt. N'est-ce pas là la connexion d'une âme à une autre ? L'âme désincarnée du défunt transmet un flux d'informations reçu par l'âme incarnée qu'elle « traduira » sous forme d'informations humaines telles que les émotions. Nous pourrions dire que l'empathie est également une forme humaine de l'interconnexion des âmes, nous souffrons lorsque nous voyons la souffrance, car à ce moment-là, nous ressentons l'énergie de la souffrance et cette énergie trouve aussi sa place en nous.

Que nous parlions de physique quantique ou de lois universelles de l'univers, nul doute que les âmes communiquent, s'influencent et s'impactent entre elles.

Famille d'incarnation : quelle sera mon équipe terrestre ?

L'âme fait donc un choix de réincarnation, nous l'avons vu, qui se fait sur une conscience énergétique large et qui est influencé par d'autres énergies. Il est souvent entendu que les âmes choisissent leur famille d'incarnation, autrement dit elles choisissent les âmes qui incarneront le cercle familial direct, leurs amis proches ou bien encore leur pays d'incarnation. Elles choisissent l'équipe terrestre qui les accompagnera dans leur nouvelle vie humaine.

De quel ordre sont ces choix ? « T'as des baskets, tu rentres pas ? »

Les Grecs pensaient que les âmes choisissaient les âmes qui les accompagnaient par affinités, autrement dit des âmes « amies » avec lesquelles elles s'étaient déjà réincarnées.

Bien que cette version ne puisse être écartée (après tout, si l'âme dispose d'une forme de choix, pourquoi ne choisirait-elle pas d'âmes avec lesquelles elle « s'entend » ?), elle ne saurait être suffisante, car derrière les mots « amie » et « entente » se cache une signification humaine dont le monde énergétique est dépourvu. Il serait plus juste de parler d'âmes qui sont sur le même plan vibratoire ou sur la même fréquence. C'est d'ailleurs souvent ainsi que l'on imagine la « famille d'âmes » : un ensemble d'âmes aux fréquences et aux vibrations similaires qui se retrouvent, se croisent ou s'accompagnent sur leur chemin terrestre, mais là encore, penser que les âmes se retrouvent sur le seul et unique critère de leur vibration est illusoire et basé sur une construction mentale. Rappelez-vous que, selon la physique quantique, la fréquence, même si elle évolue par paliers, n'est pas compartimentée, l'une influence l'autre, elle fonctionne sur un modèle de vases communicants et non en vase clos.

Bien que les humains se choisissent par degrés d'affinité et par vibrations, la société les pousse aussi à prendre en considération des critères communautaires : la classe sociale, le travail, le style vestimentaire, la religion, les pratiques sportives, etc., mais nous ne pouvons pas dupliquer cela dans un monde où cela n'existe pas. L'idée, pour l'âme, n'est pas tant de savoir si elle répond à la même fréquence (même si cela y participe) que sa future partenaire terrestre, mais de connaître les rôles qu'elles rempliront pour contribuer à leurs évolutions respectives.

Accord des âmes dans le subtil : *best friends* pour la vie sur terre ?

Il est important de noter que les familles d'âmes ne seront pas forcément alliées dans leur incarnation. L'âme vient expérimenter différentes émotions, différents rôles et différents positionnements sur terre. Une fois encore, nous avons tendance à compartimenter les expériences, les bonnes et les mauvaises, les positives et les négatives. Le monde subtil n'a pas cette conception, l'âme expérimente les aspects de l'incarnation humaine. Point. Qu'il s'agisse de l'amour, de la haine, de la peur, de la jalousie, du bonheur ou de la violence, l'âme ne classe pas les aspects de l'incarnation. Elle les vit, les intègre et s'en nourrit pour son évolution. Par conséquent, deux âmes qui « s'accordent » pour s'incarner ensemble sur terre parce qu'elles disposent d'un taux vibratoire proche ou similaire ne choisiront pas forcément de s'incarner en tant que deux humains proches et emplis d'amour l'un envers l'autre. En réalité, elles peuvent même opter pour l'inverse, s'incarner comme deux êtres qui se détesteront leur vie durant. Leur taux vibratoire similaire sera alors juste une variable facilitatrice pour se reconnaître dans la matière.

Compteur de vies, l'âge de mon âme : *happy birthday to me ?*

Nous avons tendance à nous fixer sur le concept d'âge de l'âme et à opérer une sorte de classement en fonction de sa vie terrestre. Une fois encore, nous pensons cela, car nous pensons de manière linéaire. Or le monde, la vie, l'univers, le monde subtil sont des dimensions qui gravitent et s'imbriquent dans la nôtre, comme vu plus haut, par le biocentrisme et la physique quantique. *De facto* nous viennent les pensées réductrices et simplistes qui se résument à donner l'âge d'une âme en fonction de ses intérêts humains. En somme, une personne dite spirituelle dans son incarnation présente et désintéressée du monde matériel sera « soupçonnée » d'être sage, donc d'être une vieille âme. *A contrario*, une personne ayant des intérêts qualifiés de « futiles » sera rapidement rangée dans la catégorie des vieilles âmes. Mais qui vous dit que cette personne aux intérêts dits « futiles » n'a pas été maintes fois sage ou guérisseuse, guide spirituelle dans ses vies passées, et qu'elle vient cette fois expérimenter l'abondance matérielle et la jouissance de ses biens ? La pensée linéaire est une illusion. Le chemin de vie terrestre n'est pas un gage de l'âge de l'âme. Ceci appartient à notre limitation humaine. Rappelez-vous que l'ordre que nous connaissons ici-bas n'est pas l'ordre universel. Alors, comment connaître l'âge de votre âme ? Eh bien, j'aimerais vous dire qu'il y a des techniques imparables, mais il n'y en a pas. Cependant, il y a des indices qui peuvent vous mettre sur la piste, mais vous n'y avez peut-être pas encore eu accès.

Indice 1 : vos souvenirs de vies antérieures

Si vous avez déjà eu accès à certains de vos souvenirs de vies antérieures, alors vous avez peut-être une piste. Si votre souvenir remonte à une civilisation ancienne, vous savez d'ores et déjà que votre première incarnation date au minimum de cette époque. Si votre souvenir est plus récent, cela ne signifie pas pour autant que vous n'avez pas été incarné des centaines d'années avant, mais que vous n'y avez simplement pas encore eu accès. *A contrario*, vous pouvez avoir un souvenir qui remonte dans la chronologie humaine et ne pas vous être réincarné beaucoup entre deux, ce qui ferait de votre âme une jeune âme. Nous ne savons rien des délais de réincarnation. En effet, le temps n'a pas cours dans le monde du subtil, en tous les cas, pas de la manière dont nous le comprenons sur terre. Un délai d'incarnation ne veut donc rien dire sur un plan énergétique, mais de notre point de vue, il demeure le seul et unique repère pour nous guider dans le fonctionnement des cycles de réincarnation.

Indice 2 : « Les yeux, miroir de l'âme »

Cicéron disait : « Les yeux sont le miroir de l'âme. » Cela peut prêter à sourire, pourtant, si vous prenez le temps de vous y attarder, vous verrez que les yeux sont une incroyable grille de lecture énergétique de l'autre. Bien sûr, cela demande un peu d'entraînement, mais surtout, un détachement du mental. Lorsque vous croisez le regard d'une personne, ne réfléchissez pas, laissez-vous porter par les sensations, les informations et les émotions qui vous traversent, il se pourrait que vous plongiez dans le livre des souvenirs d'une âme croisée au hasard.

Il faut s'autoriser l'illimité, l'impensable pour qu'ils se rappellent à notre conscience.

Contrats d'âmes et missions d'âmes : *fake news ?*

En plus des questionnements sur le choix de l'incarnation et des familles d'âmes, on trouve les concepts de « contrat d'âmes » et de « mission d'âmes », qui sous-entendent que l'âme signe, avant son retour, des clauses liées aux expériences terrestres avec une incarnation vouée à un but ou une mission précise durant un temps imparti. Ces contrats seraient signés entre l'âme et l'univers, mais aussi le corps, qui subira des contraintes potentielles selon le contrat passé (blessures, accidents, etc.). Ils seraient également signés entre âmes, l'une sachant le rôle qu'elle aura à jouer auprès de l'autre sa vie durant. Comme les concepts précédents, ces termes relèvent de l'interprétation humaine forcément limitée par notre dimension et notre ego. Le mot *contrat* revêt un aspect strict, juridique, valide, invalide, respecté ou non respecté dans les inconscients collectifs.

Admettons que le contrat ne soit pas respecté durant l'incarnation du moment, que se passe-t-il ? Sommes-nous sanctionnés ? Devons-nous recommencer ? Si tel était le cas, l'univers et le monde subtil seraient des juges rendant leur verdict en fin d'incarnation. Bien qu'il soit impensable qu'il n'y ait ni ordre ni raison, cette vision est très calquée sur l'ordre humain dans lequel nous retrouvons une hiérarchie et toute une série d'engagements menés par la vie. Si vous vous connectez à vos ressentis sur cette question, que vous disent-ils ?

Les miens me murmurent que l'univers est un enseignant et non un juge. Il nous montre la voie à l'aide de toutes ses astuces, dont les synchronicités, les guides et les rencontres sont les pièces maîtresses de ce grand théâtre qu'est la vie. Il n'a pas d'exigences, pas d'attentes, il nous souhaite juste le meilleur dans l'apprentissage que notre âme est venue tester pour perpétuer son évolution. La vie est faite d'une multitude de chemins, et les valeurs universelles que l'âme s'est fixées peuvent prendre de nombreux truchements et formes. Le subtil sait que si nous nous réincarnons dans le règne humain, nous serons les plus imparfaits, nous serons dirigés par des idées réductrices, un mental de haut niveau, des peurs, de fausses croyances, des émotions enfouies, mais avec aussi de nombreuses ressources, de la joie et de l'amour. Ces nuances de potentialités mènent au libre arbitre, si cher à notre caractère humain. Nous nous incarnons libres de notre chemin, libres de choisir, et l'univers, dans sa grande bonté, nous accompagne. Alors, oui, nous avons des « missions », que je préfère qualifier « d'apprentissages » (l'âme n'est pas un agent secret infiltré), et nous avons même des « contrats », que je remplacerai par le terme « accords » (l'âme n'est pas une plate-forme de recrutement). Je pense notamment à deux exemples : les familles d'âmes qui décident tacitement de se retrouver pour s'accompagner mutuellement sur ce long apprentissage terrestre, ou bien encore les flammes jumelles qui s'accordent sur le fait de se retrouver et de s'unir ou non lors de leurs incarnations successives. Quels que soient les mots que nous lisons ou que nous entendons, prenons le temps de nous poser et de se ressentir leur résonance en nous. S'ils sont trop durs, trop rudes, alors ils sont sûrement emprisonnés dans le linéaire (le mental, l'ego, les perceptions socioculturelles et la limite de notre système cognitif), et ils risquent de nous mener à des peurs limitantes. À nous de leur rendre une substance plus douce et plus ronde.

L'horloge de la réincarnation

Lorsque nous parlons de vies antérieures, nous pouvons penser que nous en avons chacun un certain nombre au compteur, même si certains s'incarnent pour la première fois (oui, il faut bien commencer quelque part). Mais qu'en est-il des délais d'incarnation ? L'âme doit-elle attendre quelque temps avant de se réincarner ?

Tout d'abord je vous propose de faire un point sur la notion clé de ce passage : le temps. Encore une fois, le temps terrestre est créé et vécu par l'homme. Pour la physique quantique, il n'existe pas en tant que tel. Il est la représentation que nous lui attribuons (il suffit de constater la relativité du temps, lorsque je suis occupée le temps passe vite, lorsque je m'ennuie, il me donne l'impression de stagner), donc parler de délai de réincarnation est *de facto* une idée biaisée puisque l'âme n'évolue pas sur le même espace-temps que celui établi dans la matière. Il serait intéressant de pouvoir comparer les deux temporalités, ainsi découvririons-nous peut-être que 10 années terrestres ne représenteraient qu'un court instant dans les sphères subtiles, qui sait ? Mais si nous nous référons au temps tel que nous le connaissons, alors nous pouvons déjà dire que les délais de réincarnation sont variables. Si je me base sur mes expériences personnelles ou les guidances que je mène, je peux dire qu'il peut se passer quelques années, quelques jours ou peut-être même quelques siècles avant qu'une âme ne fasse son choix de retour. Je parle bien sûr en temps « humain », ce qui ne fait aucun sens dans le monde subtil puisque le temps et l'espace n'existent pas.

Mais pourquoi des écarts de temps plus ou moins longs, et pourquoi ces différences entre les âmes ? Ici encore, impossible d'être affirmatif, nous pouvons juste émettre quelques suppositions. Nous pourrions penser que l'âme n'a pas pour seule fonction de se réincarner. Peut-être est-elle vouée à d'autres « tâches » entre deux, des tâches qui peuvent être plus ou moins nombreuses et plus ou moins longues. Le « timing » de réincarnation dépendrait donc du chemin propre à chaque âme. Une autre hypothèse est celle que je nomme « marqueur d'âme » : certaines vies sont tonitruantes, denses, mouvementées, parfois même violentes, aussi l'âme pourrait s'en trouver marquée à différents niveaux et prendrait le temps d'apaiser les énergies héritées de sa vie incarnée. Entendons-nous bien, je ne parle pas de séquelles ou de traumatismes, l'âme n'a pas ce regard ni ce ressenti, elle est dénuée d'émotions humaines ou de jugement, elle ne peut être traumatisée directement. Cependant, nous pourrions penser que certains vécus humains éprouvants et traumatisants (humainement parlant) laissent des traces, une charge énergétique positive ou négative à l'âme qu'elle se doit d'apaiser avant de reprendre son cycle de réincarnation.

Enfin, nous pouvons nous attarder sur la notion de « toutes bonnes conditions réunies ». Là encore, selon le chemin d'âme et le plan d'apprentissage, l'âme pourrait attendre le bon moment, avec une époque, une famille et un contexte d'incarnation propices à son prochain plan d'apprentissage.

Mon âme choisit un corps

Après avoir choisi sa destination, son plan d'apprentissage et sa famille d'âme, l'âme est finalement parée au décollage et prête à s'incarner dans un corps en cours de création.

Un autre débat auquel nous pouvons assister quant à la réincarnation réside dans le moment exact où l'âme incorpore le fœtus.

Pour certains, notamment pour ceux qui adhèrent à la mémoire cellulaire, cette fusion est quasi immédiate. Pour d'autres, elle n'intervient qu'à partir du moment où le système vital est suffisamment avancé dans la gestation pour supporter cette fusion entre le corps et l'énergie que l'âme représente. Pour d'autres encore, l'âme ne fusionne avec le corps qu'au moment de l'accouchement, lorsque le nouveau-né prend sa première inspiration, qui correspondrait à l'intégration de l'âme dans le corps incarné. Ici également, il est important de nous écouter, nul ne détient la vérité totale, mais vous verrez que certaines de ces théories vous parleront plus que d'autres. Laissez-vous porter par votre intuition et ce qui résonne avec votre cœur.

Si l'âme choisit, nous pouvons penser qu'elle choisit aussi son corps humain en fonction de son plan d'apprentissage. Il y a tellement de variables physiques dans notre monde, toutes décryptées et jugées par les sociétés dans lesquelles nous choisissons de vivre. Le corps est le temple de l'âme et fait donc lui aussi partie du plan d'apprentissage. Mais une de ces variables a retenu l'attention et le questionnement du Dr Stevenson ainsi que de Gandhi : les taches de naissance. Se pourrait-il qu'elles aient un lien avec une vie antérieure ? Les marques de naissance ont-elles une origine, un but ?

Le Dr Stevenson, pédopsychiatre canadien, auteur de recherches sur la réincarnation, publie ses conclusions dans son ouvrage *Réincarnation et biologie, la croisée des chemins.* On y trouve de nombreux témoignages et faits troublants qui corrèlent vies antérieures et taches de naissance. Voici un des cas les plus connus rapportés dans son livre : le jeune Anurak.

Ce jeune Thaïlandais est né quelque temps après la mort de son frère survenue par noyade. Avant les funérailles, un membre de sa famille le marque avec du charbon au niveau du coude. Selon la tradition, cela permettrait de reconnaître l'âme réincarnée dans un nouveau corps. Anurak naît avec cette tache au coude droit. Mais tout ceci est loin d'être le plus déstabilisant. Le petit Anurak développe rapidement une phobie de l'eau et reconnaît les amis de son frère disparu dont personne n'avait jamais fait mention. Il nomme même l'un d'entre eux par son surnom. Alors, se pourrait-il qu'Anurak soit la réincarnation de son frère ?

Ici, la tache de naissance correspond à la tache volontairement dessinée au charbon pour « retrouver » la trace du défunt, mais le Dr Stevenson semble avoir fait par ailleurs certaines corrélations entre les taches de naissance et les blessures reçues dans une vie antérieure.

Il y a également l'histoire de Naresh Kumar, un jeune Indien, qui pourrait être la réincarnation de Mushir Ali, un marchand de fruits décédé des suites d'une collision avec un tracteur. Dès qu'il commença à parler, il se mit à dire qu'il était vendeur de fruits. Il avait notamment une tache de naissance sur le côté droit de son corps, près de ses côtes. Et elle coïncidait avec les blessures infligées à Mushir au moment de son décès. À 4 ans, Naresh parlait de la vente de mangues et même de sa mort dans une collision. Une fois, il vit le père de Mushir dans le village et courut vers lui en l'appelant papa. Cela fut très difficile pour la famille du vendeur de fruits. Car la réincarnation n'est pas un enseignement de la religion islamique. Cependant, les « preuves » étaient trop nombreuses pour être ignorées. Quand Naresh fut conduit chez Mushir, il fut capable de nommer chacun des membres de la famille. Il mentionna même un homme qui lui devait de l'argent.

Bien que ces deux histoires soient impressionnantes, nous pouvons remarquer dans la première que le défunt se réincarne dans son entourage proche (famille, village) et dans une culture où la réincarnation tient une place importante. Bien sûr*, et la deuxième histoire le montre, ce n'est ni systématique ni une logique en soi. Cela nous permet juste de voir l'évidence. Ces cas fascinants répertoriés par-delà le monde pourraient donc montrer une corrélation entre réincarnation et particularités physiques, qui pourraient être des héritages de vies passées, un souvenir ancré au corps.

L'incarnation dans d'autres règnes

Voici un concept que l'on retrouve notamment dans les cultures orientales et asiatiques. Certains courants de pensée, en particulier bouddhistes et hindouistes, sont convaincus que notre âme connaît la saveur de chaque règne, qu'elle peut expérimenter le règne animal, végétal et minéral tout autant que le règne humain. Ce concept fait d'autant plus sens qu'il répond aux lois de l'univers, aux lois du tout, en nous rappelant que les énergies sont toutes connectées entre elles et qu'elles s'entremêlent en spirale. Il ne fait plus de doute aujourd'hui que les différents règnes possèdent une âme unique ou d'un système d'âme. Prenons l'exemple des arbres, pour lesquels de nombreuses études ont pu montrer qu'ils disposaient d'un système de communication énergétique qui leur est propre. Un arbre blessé serait en mesure de communiquer sa souffrance à ses pairs, lesquels mettraient en place un système de défense d'alerte et de défense générale. Dans le livre de Lee Harris, *Conversation magique avec les guides*, les guides nous informent que les arbres bénéficient d'une âme collective, alors que nous, humains, disposons d'une âme individuelle. Prenons l'exemple du règne animal : aujourd'hui, n'importe qui doté d'un minimum de sensibilité peut voir l'âme d'un animal. Certaines âmes animales nous semblent plus familières que d'autres, il est vrai, et les chats en sont le parfait exemple. Animal sacré en Égypte antique et symbole animal de la réincarnation (les 9 vies des chats), le chat paraît posséder une âme toute particulière emplie d'une énergie intense et mystérieuse. Tous les propriétaires de chats ont déjà eu l'impression d'être « jugés » par leur animal, terme sûrement bancal traduisant le fait que cet animal nous met parfois mal à l'aise tant il semble lire dans notre cœur, notre âme et notre esprit. Concernant le règne minéral, il est plus difficile pour nous, humains, d'imaginer une réincarnation sous ce règne, et je crois que la raison réside dans le fait que nous ne considérons pas instinctivement les minéraux comme des êtres « vivants » : ils ne bougent pas, ne disposent pas de « sens » avérés, pourtant, nous sommes nombreux à avoir de jolies pierres chez nous, n'est-ce pas ? De belles obsidiennes pour nous « protéger » du mal, d'intenses cornalines pour trouver l'inspiration ou encore de ravissants jaspes pour nous aider à rester ancrés à la terre. Comment ces pierres pourraient-elles détenir ces propriétés si elles n'avaient pas d'âme, d'énergies ? Rappelez-vous la **Nephesch**, le souffle vital, l'énergie qui anime « l'être ».

Alors, oui, nos constructions mentales nous brident souvent dans notre perception de la réincarnation, comme si nous ne pouvions qu'être « humains », car notre système de pensées et notre cerveau se trouvent limités dans leurs projections, tenus par le mental et l'ego. Pourtant, la loi du tout pousse, en toute logique, à croire que l'incarnation dans de multiples règnes est possible.

Quid des autres planètes ?

Certains vont même plus loin et évoquent la possibilité de s'incarner sur d'autres planètes, dans un règne proche du règne humain ou sous une autre forme inconnue de notre Terre plus communément désignée sous le nom de *starseed*. Si l'on considère la loi de l'univers et de l'unité, cela ne serait pas impossible. De plus, il est bon de rappeler que nous savons désormais qu'il existe d'autres systèmes solaires inconnus au bataillon des humains. Nous pensions en connaître beaucoup, mais les progrès technologiques et scientifiques nous montrent que « beaucoup » est en réalité « très peu » et que nos certitudes dans ce domaine s'effondrent aussi facilement qu'un château de cartes. Dès lors, est-il pertinent de concevoir que seule la planète Terre est habitée (et ce, quel que soit le type de vies) ? Cela est non seulement improbable, mais par ailleurs très orgueilleux de le croire étant donné que l'univers semble bien plus étendu que nos connaissances sur le sujet ! Partant de cela, il n'est pas insensé de penser que l'âme peut se réincarner sur d'autres planètes ou dans d'autres galaxies.

La théorie des incarnations multiples

Nous avons tendance à penser l'âme en tant qu'unité complète et unifiée. Or, pour certains (et je dirais que j'en fais aujourd'hui partie, notamment grâce aux diverses expériences que j'ai pu vivre), elle pourrait se morceler et choisir d'incarner ses différentes « parties » dans différents règnes ou époques de manière simultanée ou différée. *A priori*, cette théorie est abracadabrantesque et prête à sourire. Cependant, à y regarder de plus près, cela serait fort possible. En effet, si nous prenons la théorie des flammes jumelles, qui veut qu'une âme se scinde en deux pour incarner deux corps différents, alors pourquoi ne pas penser que l'âme pourrait se séparer en plus de deux parties ?

Quant à l'incarnation sur des temporalités multiples, si nous considérons que le temps n'existe pas, que le passé, le présent et le futur ne sont en réalité qu'une seule et même temporalité, alors les « parcelles » d'âmes pourraient se situer sur des points temporels humains différents.

En fin de compte, toutes ces considérations ne peuvent relever aujourd'hui que d'un ressenti personnel ou d'une conviction intérieure puisque nous ne pouvons pour le moment rien démontrer. Ainsi, je vous encourage à vous écouter, à poser de simples constats sur vos ressentis. Nous sommes tous uniques, nous vivons et expérimentons différemment, tout est OK. Faites-vous confiance. Ouvrez votre cœur et votre esprit, croyez à l'impossible.

LE SAVIEZ-VOUS ?

Dans la tradition de la kabbale, le cycle des réincarnations est nommé « Guilgoul Haneshamot ». L'âme possède cinq niveaux Nefesch (force vitale) : *nefesh* (force vitale), *roua'h* (esprit), *neshama* (âme comme entité vivante qui respire), *hayya* (« vie »), *ye'hida* (« union »). Ce cycle des réincarnations est décrit dans le texte kabbalistique *Shaar Haguilgoulim, La Porte des réincarnations*. Basé sur les écrits du *Zohar* (*Le Livre de la splendeur*), il présente les lois complexes de la réincarnation. Le *Zohar* mentionne en ce sens : « Aussi longtemps qu'une personne ne parvient pas à réaliser sa finalité dans ce monde, Hachem [6] la déracine pour la replanter encore et encore. » (*Zohar* I ; 186 b)

6. Signifie « le nom » : dans la culture juive, on ne peut prononcer le nom de Dieu, Hachem fait donc référence à Dieu.

Vous voici de nouveau dans le hall, le tour de la salle de l'incarnation secoue les idées reçues, n'est-ce pas ? En effet, elle vous incite à vous connecter à vos ressentis sur certaines croyances et idées préétablies. Prenez quelques instants pour récupérer, car la prochaine salle est quelque peu déstabilisante, sa poignée est blanche avec quelques fissures dorées. Ça y est ? Vous êtes prêt ? Bienvenue dans la salle de l'oubli consenti.

Porte 3

La salle de l'oubli consenti

Vous passez la troisième porte et entrez dans une nouvelle salle : la salle de l'oubli consenti. Les murs sont recouverts de jolis voiles blancs ou dorés : les voiles de l'oubli.

Le voile de l'oubli : un mal nécessaire

Le nouvel être incarné est doté de son âme, d'un corps, mais aussi d'un système cérébral actif, en cours de maturation, qui lui permettra de construire sa psyché et sa pensée dans la matière. Grâce à ses fonctions cérébrales, il pourra créer, réfléchir, raisonner, mais également assimiler des schémas, des conditionnements et des peurs que l'on appelle « mental ». Ce mental, construit au fil des premières années de vie en parallèle avec l'ego, est responsable du « voile de l'oubli », que je nomme personnellement « l'oubli consenti » puisque je pense que tout n'est pas oublié et que « l'oubli » ne vise que des informations triées et en accord avec le plan d'apprentissage de la nouvelle vie humaine. En effet, nous pouvons imaginer que l'âme revient dans la chair « nettoyée » de ses souvenirs de vies passées afin de reprendre son expérience terrestre de la manière la plus neutre possible, et je dirais que cela est partiellement vrai. L'âme ne pourrait revenir avec l'intégralité de ses souvenirs. La charge informative et énergétique serait bien trop lourde pour être supportée par l'humain. De plus, cela viendrait biaiser le plan d'apprentissage de l'âme. Imaginez revenir avec des centaines de souvenirs d'autres vies, vous rappeler les protagonistes et le lien que vous entreteniez avec eux et ce que votre âme en a retiré. Ce serait comme vous demander de résoudre une équation mathématique en vous fournissant la solution.

Néanmoins, les témoignages divers d'hier et d'aujourd'hui nous montrent que l'âme peut revenir avec ses souvenirs, mais que l'humain ne parvient pas toujours à les ramener à la conscience, le milieu culturel ou l'époque d'incarnation y joue certainement un grand rôle. Il est évident que dans les cultures où la réincarnation est admise, le mental du jeune humain incarné émettra peu, voire aucune censure au souvenir. L'âme transmettra l'énergie de l'information au moment opportun, et le cerveau, plus ou moins mature selon l'âge, pourra la retranscrire. Prenons le cas contraire, si l'être incarné évolue dans une société où la réincarnation ne fait pas du tout partie de sa culture, voire est moquée, dénigrée et qu'il n'y a aucune place pour la spiritualité, alors le mental créera des barrières fortes face aux souvenirs de l'âme.

Il est d'ailleurs intéressant de voir que les enfants sont les premiers à évoquer leurs souvenirs de vies passées. Pourquoi ? D'une part parce que le système cérébral n'est pas tout à fait mature, notamment la mémoire, dont les piliers solides ne sont pas visibles avant l'âge de cinq ans. Face à un système cognitif en construction, le mental, les peurs, l'ego et les croyances ont peu de place pour évoluer. Cela permet aux informations énergétiques de circuler avec beaucoup plus d'aisance et de fluidité, et c'est en général vers les 7 ou 8 ans que les souvenirs relatés s'amenuisent ou disparaissent. C'est d'ailleurs pour cette raison que tous les enfants interrogés par le Dr Stevenson [7] avaient en dessous de cinq ans, cela évitait un maximum les biais de croyances culturelles et ceux liés au mental ou à l'ego.

Voilà pourquoi je préfère le terme d'oubli consenti à celui de voile de l'oubli. L'âme ne se réincarne pas sans « rien », elle se réincarne avec de nombreux souvenirs et informations dont certains seront disponibles à l'humain pour son apprentissage s'il évolue suffisamment pour y accéder. Certaines personnes refermeront la porte de cette salle après l'avoir traversée rapidement pour rejoindre la porte suivante. D'autres resteront dans cette salle leur incarnation durant et n'auront alors aucun accès conscientisé à leurs vies antérieures, et cela ne pose aucun problème. Si tel est le cas, c'est que cela doit être ainsi dans cette incarnation. Mais pour certains êtres incarnés, la salle de l'oubli consenti présentera des « fissures » dans lesquelles certaines informations se faufileront. Elles en profiteront pour s'exprimer dans leur vie, les poussant plus facilement vers la porte des souvenirs. Elles peuvent surgir de surgir abruptement et sont souvent vécues de manière très inconsciente.

---

7. Voir l'ouvrage *20 cas suggérant la réincarnation*, J'ai Lu, collection « Aventure secrète », 2007.

Les fissures de l'oubli consenti

La « fissure » comportementale

Elle est caractérisée par une attitude, une émotion, une réaction ou un comportement face à certains événements de la vie, à certains films ou à certaines lectures. La personne peut alors se trouver submergée par une émotion qu'elle ne comprend pas, qu'elle juge disproportionnée. Je vous parle d'une émotion qui prend au ventre, qui n'a pas de raison de surgir si subitement ou si intensément. À ce moment-là, s'il s'agit d'une émotion attachée à un souvenir de vie antérieure, c'est le stimulus extérieur (film, lieu, lecture, musique…) qui aura réveillé cette émotion qui était là, tapie dans l'ombre, et qui attendait pour s'infiltrer dans les fissures de la salle de l'oubli consenti.

Prenons l'exemple d'une personne ayant été brûlée dans une ou plusieurs vies passées, la charge traumatique humaine du passé se transforme en charge énergétique dont l'âme garde une trace. Cette trace peut ressurgir dans la nouvelle incarnation. La personne peut alors développer la phobie du feu dès son plus jeune âge, et la vision de l'élément peut l'amener à des réactions extrêmes, telles que des crises d'angoisse ou des sensations de malaise.

La fissure somatique

La mémoire du souvenir peut être tellement forte et intense qu'elle peut être portée par le corps incarné. Même si elle est assez facile à identifier, il faut toujours écarter un problème médical. Il peut aussi s'agir d'un « simple » dérèglement énergétique des méridiens ou de l'expression d'une émotion sans lien avec les vies antérieures. Enfin, n'oublions pas qu'une mémoire karmique peut accentuer un symptôme mécanique sans en être la cause directe. Voici quelques symptômes classiques :

- une toux persistante (peut être liée à une mémoire d'étouffement, de noyade, de pendaison, ou encore de décapitation) ;
- des migraines ou des douleurs cervicales chroniques et sans cause mécanique décelée (peuvent également être liées à des pendaisons ou des décapitations) ;
- un membre douloureux (peut être lié à une ancienne blessure) ;
- certaines taches de naissance, dont nous avons parlé un peu plus haut.

La fissure de la passion

Venue de « nulle part », une passion pour une époque, un style de vie, un style vestimentaire passé ou un événement de l'histoire alors qu'aucun héritage familial n'est connu. La personne peut exprimer sa mémoire au travers de livres, de costumes ou de reconstitution historique. Elle peut ainsi revivre des souvenirs ou des émotions liées aux souvenirs sans même en avoir conscience.

La fissure de l'aptitude artistique ou intellectuelle

On peut constater cela dans le domaine des arts, chez les jeunes prodiges, les virtuoses ou les « génies ». Que dire de Mozart et de ses compositions d'une complexité sans pareil à l'âge de cinq ans ? Comment ne pas songer à un héritage karmique lorsque de telles prouesses sont observées ?

Il en est de même pour certaines prédispositions intellectuelles marquées, je pense notamment à l'aisance dans une langue peu ou non apprise. La personne semble alors maîtriser la langue de manière presque naturelle. J'ai pu le vivre moi-même vers l'âge de 6 ans, lorsque j'ai commencé à m'exprimer dans « ma » langue. Ce fut, je dirais, la première « fissure » visible sur les murs de la salle de l'oubli consenti, cette langue anglaise qui ressurgissait par bribes et que j'allais rapidement maîtriser par la suite.

Les fulgurances karmiques

Les fulgurances karmiques surgissent principalement chez les jeunes enfants. Il s'agit de moments très courts et en même temps très intenses durant lesquels l'enfant canalise, confie un élément sur son âme, son cycle de réincarnation ou un souvenir de vie passée, un peu comme si l'âme prenait la parole. Ces moments sont souvent déroutants pour le public qui y assiste. Messages énergétiques, purs et sincères, les fulgurances karmiques sont de véritables cadeaux du ciel, une synchronicité pour nous rappeler que l'âme se souvient.

Ces fulgurances surgissent souvent chez les enfants puisqu'ils ne sont pas encore tombés sous le coup du voile de l'oubli, du moins pas totalement. Elles sont donc plus fluides et plus « instinctives ».

Voici un exemple de fulgurance karmique auquel j'ai pu assister, nous appellerons ce petit garçon Victor, le défenseur de Marie. Victor avait 6 ans et préparait Halloween avec ses petites sœurs. Sa maman demanda alors à chaque enfant le costume qu'il souhaitait porter pour l'occasion. Lorsque vint le tour de Victor, il répondit :

— Je veux être habillé en défenseur de Marie.

La maman ne comprenait pas :

— En quoi ? En chevalier, tu veux dire ? Ou en moine ?

— Non ! reprit Victor, en défenseur de Marie !

— D'accord, je vais chercher, nous allons trouver ça.

La maman de Victor questionna ses proches et personne ne savait qui étaient les défenseurs de Marie. Elle entreprit une recherche internet et découvrit que l'ordre des Templiers était divisé en sous-ordres et en fonctions. On y trouvait notamment les défenseurs du Christ, les défenseurs de la Vierge Marie et les templiers noirs. Elle retourna voir Victor qui jouait avec ses sœurs et lui montra l'image d'un templier :

— C'est ça que tu veux ?

— Oui ! Oui ! Voilà les défenseurs de Marie ! Tu ne savais pas, maman ? Tu ne te souviens plus ?

La maman resta bouche bée. Victor endossa son costume de templier et ne parla plus jamais des défenseurs de Marie, cet épisode s'effaça de sa mémoire humaine aussi rapidement qu'il y était apparu.

Témoignage de l'autrice

Rencontre avec Anne Boleyn

Ah, la, la, Anne [8], ma chère Anne, une âme si chère à mon cœur qu'il est maintenant temps de vous présenter. Anne a fait partie de ma vie passée de la Renaissance britannique, j'en ai eu conscience très tôt, et depuis, elle n'a cessé de m'accompagner sur mon chemin. Voici le récit de nos premières « retrouvailles » dans la matière.

Mes premiers souvenirs clairs remontent à mes 6 ans. Je me souviens que je « faisais la discussion » dans une langue que personne ne comprenait (tout du moins, c'est ce que je pensais). Je commentais la vie de mes poupées et glissais de-ci de-là une phrase dans une langue étrangère. Je me souviens surtout que je trouvais cela très naturel, et je me comprenais, c'était, à mes yeux, bien le principal ! Tout prit de l'ampleur vers mes 8 ans lorsqu'un après-midi, j'ouvris les encyclopédies de mon grand-père pour tomber « au hasard » sur une série de portraits que je reconnus instinctivement. Le portrait de cette femme aux cheveux noirs me laissa un infini sentiment de tristesse. Je passai mes petits

…

8. Anne Boleyn (1501-1536), reine consort d'Angleterre de 1533 à 1536.

...
doigts sur le portrait et prononça à demi-mot « *poor you* ». Mon grand-père, assis à l'autre bout de la table, releva la tête et me demanda de qui je parlais. Je lui présentai le portrait et lui répondis :

— Elle, Anne, mais ce portrait n'est pas très réel.

Mon grand-père me fixa et dit :

— Tu veux dire qu'il est mal peint ?

— Non, je veux dire qu'elle ne ressemblait pas vraiment à ça.

Je repris l'encyclopédie et mon grand-père resta silencieux. Deux autres portraits avaient marqué mon esprit, ceux de Thomas More et de Thomas Cromwell [9]. Je les avais à peine regardés, et pourtant, je savais déjà que nous avions été amis sans pour autant me sentir vraiment connectée. Ils me laissèrent tous les trois un sentiment de sécurité et de légèreté à la fois, la joie et la tristesse, la peur et le courage, les rires et les larmes. Ils symbolisaient à eux trois une vie antérieure d'antagonismes et de paradoxes.

Après cette expérience, des « flashs » remontèrent à ma conscience jusqu'à l'adolescence. Deux souvenirs en particulier revenaient régulièrement à mon esprit : un homme en tenue d'époque renaissance m'enseignait les langues, il me souriait, je me sentais légère et heureuse dans ma jolie

9. Avocat et *Lord Chancellor* d'Angleterre de 1536 à 1540, exécuté pour haute trahison en 1541.

robe grise. Puis un autre homme aux mains gantées de noir, il me tendait des documents que je m'empressais de récupérer, l'heure était plus grave.

Puis plus rien, le voile se jeta sur mes souvenirs. Cependant, j'eus toujours le sentiment qu'Anne n'était jamais très loin, son énergie semblait avoir traversé les pages de cette encyclopédie et naviguait à mes côtés avec force et discrétion.

La phase de l'oubli consenti est nécessaire, elle nous permet de nous incarner pleinement dans la matière et de continuer notre construction psychologique, personnelle et sociale sans influence karmique.

Ma phase de l'oubli consenti dura une dizaine d'années. Dix ans durant lesquels aucun autre souvenir ne refit surface et où les « flashs » s'étaient presque éteints. Je me construisais, j'étais collégienne, ensuite lycéenne, puis j'entrais à l'université, le tout avec les préoccupations des jeunes filles de mon âge. Cependant, les murs de la salle de l'oubli consenti exprimaient toujours leurs failles. Mon intérêt pour Anne Boleyn, que je nommais naturellement Anne, comme une évidente familiarité, perdurait. La langue anglaise faisait partie de moi, et l'apprendre à l'école ne fut qu'une simple révision. Je compris alors que mon langage d'enfant, ce que je « bredouillais », était de l'anglais. (Je précise que je suis française et que je n'ai pas d'ascendants britanniques proches.)

À l'adolescence, je cumulais les courts séjours en Angleterre, à Londres principalement, où je me sentais « chez moi », l'énergie du pays, la langue, les gens, la culture, les rues, tout me semblait si familier, si sécurisant, si doux. Je gardais pour moi ce sentiment intense « d'avoir le cœur français et l'âme anglaise ». Je nourrissais mes souvenirs de vies passées sans même m'en rendre compte, comme si ce lien avec elle ne pouvait se briser. Au contraire, il cherchait à s'exprimer, car Anne Boleyn et sa tragique histoire n'étaient que le commencement d'une longue série d'expériences qui allaient me mener vers l'exploration d'une vie antérieure aussi douce que violente, d'autres protagonistes, des amis, des ennemis, des moments de peine et de joie, et la présence de ces âmes berçant mon incarnation actuelle. Tout cela allait surgir tel un orage, ma vie au cœur d'une Angleterre révolue allait me faire prendre un virage à 180 degrés.

La phase de l'oubli consenti est nécessaire, elle nous permet de nous incarner pleinement dans la matière et de continuer notre construction psychologique, personnelle et sociale sans influence karmique. Il nous serait bien plus difficile de nous intégrer socialement si nous étions perpétuellement connectés au subtil et à nos mémoires. Voilà pourquoi cette phase connaît son essor en parallèle avec la maturation de la psyché. Plus elle se solidifie, plus nos souvenirs de vies passées tendent à se faire discrets, voire disparaître quelque temps. Chez certaines personnes, cette phase dure longtemps, parfois même toute une vie. Soyons clairs, tout le monde n'aura pas accès spontanément à ses vies passées, certains entameront un travail personnel et énergétique pour y arriver, et pour d'autres, les essais seront vains.

J'espère que ce petit tour de la salle de l'oubli consenti vous a plu. Vous vous apprêtez maintenant à entrer au cœur du processus, à pénétrer dans la salle des souvenirs. La poignée de la porte est irisée de reflets bleus, pourpres et nacrés. Vous vous lancez et ouvrez.

Porte 4

La salle des souvenirs

Bienvenue dans la salle des souvenirs, une grande salle de cinéma dans laquelle vous pouvez visionner les films de vos vies passées. Prenez place, la séance est sur le point de commencer...

De l'âme à la conscience, un parcours énergétique

Constater que certains souvenirs de vies antérieures remontent à la conscience est chose aisée, nous avons toutes et tous autour de nous des personnes qui relatent ce type d'expérience, et peut-être êtes-vous également concerné. Mais il est légitime de se poser des questions sur le « fonctionnement interne » de ce retour à la conscience. En effet, le souvenir de vie antérieure n'est pas un souvenir classique puisqu'il n'est pas ancré dans la matière ni au cœur de l'être incarné. En réalité, il est énergie. Je m'explique. Pour être enregistrés par la mémoire, l'action, l'événement, le stimulus ou le verbe doivent être encodés puis traités par le cerveau pour ensuite aller se ranger dans la case « souvenir ». Ce processus demande une série de connexions neuronales et synaptiques importantes, vous devez avoir vécu le souvenir afin de vous l'approprier en tant que tel. Or le souvenir de vie antérieure ne peut être encodé par le cerveau puisqu'il n'a pas été « vécu » humainement. Pourtant, il est bien là. Alors, comment est-ce possible ?

Pour bien comprendre ce mécanisme, il faut se rappeler que les souvenirs de vies antérieures appartiennent à l'âme, ils sont donc énergie. L'âme, entité indépendante, disposerait de sa propre mémoire (que j'aime me figurer comme une mallette des souvenirs). Elle transmet en réalité l'influx énergétique d'un souvenir et non un souvenir en tant que tel (puisqu'il n'a pas été vécu). Cet influx énergétique est ensuite traité par le cerveau et restitué sous forme d'images, de sons ou encore d'odeurs. Nous pourrions dire qu'il s'agit d'une forme de médiumnité, l'âme utilise le canal intuitif et médiumnique pour « envoyer » son signal énergétique. La mémoire propre à l'âme est nommée « mémoire extra-cérébrale », on retrouve d'ailleurs ce terme dans les travaux du Dr Stevenson.

Pourquoi l'âme transmet-elle si soudainement un souvenir ?

Le côté soudain, voire brutal, d'un retour de souvenir à la conscience est avant tout une affaire de perception. Comme nous l'avons vu précédemment, l'âme garde les souvenirs à disposition. Des reliquats se font souvent sentir chez les jeunes enfants, tel un parfum qui laisse ses effluves dans l'air de manière légère, mais identifiable, avant que le voile de l'oubli consenti ne s'y dépose pour permettre la construction de l'être et de sa psyché humaine. Nous pourrions dire que les souvenirs ne nous quittent donc jamais vraiment, mais que notre capacité à nous y ouvrir et à les recevoir les rend plus ou moins conscients selon le chemin et le moment de vie de chacun.

Parfois, il est vrai que le souvenir stupéfie, il surgit comme le reflet dans le miroir ou l'ombre sur le mur. Pourtant, le reflet ou l'ombre ont toujours existé, mais cette fois, l'âme a saisi un moment opportun de votre vie pour envoyer une information forte, directe et sans détour. Voyons ce qui peut favoriser ce moment opportun.

Vous êtes prêt humainement

Vous êtes connecté au cœur

Nous avons tendance à être coupés de notre cœur et des énergies extérieures par notre mental et notre quotidien, qui ne cessent de nous rappeler nos peurs et nos projections, de nous faire ressasser le passé, nos regrets, et de jouer avec notre ego. Nos vies cadencées par la charge mentale, le travail et la vie de famille nous laissent peu de temps pour nous consacrer à la spiritualité, au travail personnel, ou aux bonheurs simples de la vie, nous en venons à manquer cruellement d'ouverture aux autres et au monde. Cette coupure au cœur nous garde dans un carcan de pensées fermé et dans une compréhension limitée du monde. Comment nos souvenirs de vies antérieures pourraient-ils ressurgir ainsi ? Comment pouvons-nous écouter l'âme dans ces conditions ? Entendons-nous bien, se connecter au cœur ne signifie pas

« ne plus raisonner » ou « ne plus avoir les pieds sur terre », bien au contraire ! C'est dans votre cœur que se pose la force de votre intention. Vous connecter à votre cœur, c'est aussi vous connecter à vos désirs les plus justes et les plus profonds. Le cœur sait, il n'a ni raison de mentir ni besoin d'illusions, il vous permettra de poser vos intentions et de vous connecter à l'âme avec justesse.

N'oubliez pas que les vies antérieures sont des énergies, nous en sommes l'antenne puis le canal. Cela demande un émetteur (les souvenirs de vies passées) et un récepteur (nous). Si le récepteur est saturé, aucune information ne pourra être transmise de manière juste à la conscience. Vous recevrez des informations brouillées et biaisées.

Vous cheminez vers l'éveil et la conscience de votre être

Recevoir des informations sur ses vies antérieures, c'est être prêt à expérimenter ce qui bouleverse la raison telle que nous l'entendons dans nos vies modernes. Rien ne sera logique ! L'univers vous offrira les pièces du puzzle sous le format et dans l'ordre qui lui convient et qui ne fait pas toujours sens pour l'humain. Cela demande de remettre en question certains concepts ou idées que nous pensions irréfutables, cela peut concerner l'idée de l'univers, du temps, de l'espace, mais aussi de Dieu (ou tout autre terme que vous y associerez). La remise en question de certaines idées requiert une ouverture au monde, aux autres (connexion au cœur), mais aussi une prise de conscience de nos schémas mentaux, de l'influence de nos bagages émotionnels et de notre conditionnement collectif et individuel. Les souvenirs de vies antérieures ressurgissent le plus souvent lorsque la personne est « en chemin d'éveil », qu'elle opère un bouleversement intérieur, qu'elle s'engage dans la déconstruction des certitudes pour se reconstruire avec des pensées plus justes pour elle-même. Quand et comment se fait cet éveil, me direz-vous ? Il n'y a pas de timing, chacun son rythme, chacun son moment. Il peut être entrepris différemment pour chacun. Certains dévoreront un tas d'ouvrages de philosophie, de développement personnel ou de théologie, d'autres préféreront suivre une thérapie ou des techniques de méditation, le tout étant de pouvoir associer pratique et théorie pour accéder à un équilibre spirituel et humain optimum.

Enfin, pour d'autres, le chemin s'ouvrira de manière plus abrupte et inattendue, lors d'un choc ou d'un virage à 180 degrés, d'une phase de vie complexe de l'être, une phase de vie qui peut trouver son origine dans un choc. Dans mon cas, ces souvenirs ont surgi brièvement dans mon enfance, puis se sont éteints pour se réveiller avec plus de force encore après le décès de mon grand-père.

Mais pourquoi ? Les deuils, les accidents, les changements profonds et les bouleversements de vie remettent souvent nos vies en perspective. Ils nous entraînent dans des charivaris émotionnels forts et nous poussent à nous libérer de nos conditionnements et de nos chaînes. Le choc peut faire partie des leviers vers le chemin d'éveil de la conscience.

Lorsque nous vivons un grand changement, le mental se met plus facilement en mode *off*, épuisé, incapable de lutter face à la décharge émotionnelle qui l'envahit. Alors, l'énergie des souvenirs peut être transmise et, surtout, traduite à la conscience, il y a moins de barrages. Cette transmission peut parfois sembler brutale, elle secoue, elle remue, elle peut mettre le corps et l'esprit en difficulté, mais c'est aussi parce que nous résistons. Nous résistons, nous avons peur de recevoir certains souvenirs ou certaines informations qui peuvent nous perturber ou nous confronter à nous-mêmes. C'est lors de ces grands bouleversements que nous sommes poussés à entamer un travail personnel et spirituel pour mieux les comprendre, mais surtout mieux NOUS comprendre. Ils sont souvent la tempête qui nettoie le chemin.

Témoignage de l'autrice

Fragments du passé

Le départ de l'homme qui m'avait quasiment élevée et tout appris fut un véritable catalyseur au retour clair de mes premiers souvenirs de vies antérieures et du monde subtil dans ma vie. Lorsque mon grand-père quitta ce monde des suites d'une maladie neurodégénérative, j'entamais ma troisième année de psychologie. L'année qui précéda son décès, je m'étais efforcée d'appliquer les techniques et les méthodes vues pendant mes cours de neurosciences pour l'aider à vivre sa maladie dans

...

…

les meilleures conditions possibles et avec le vain espoir d'en arrêter la progression. Que d'ego lorsque nous sommes si jeunes et pleins d'espoir ! Mes efforts furent stériles, car plus rien ne pouvait en stopper les rouages qui broyaient un peu plus chaque jour ses fonctions cognitives et m'ôtaient peu à peu l'homme extraordinaire qui m'avait consacré une partie de sa vie. Après son départ, j'ai tout plaqué. Impuissante face à l'inéluctabilité de la maladie et de la mort, je pris quelques semaines de repos pour soutenir ma grand-mère et laisser mon chagrin déferler. Au cours de ces semaines, d'étranges phénomènes prirent place dans mon quotidien. Des objets tombaient de manière inopinée dans la maison, de mystérieuses formes passaient furtivement le long du couloir et mes oreilles bourdonnaient régulièrement (ce qui avait le don de m'agacer). Un jour, alors que je me préparais, la quasi-intégralité de mon armoire à pharmacie s'effondra au sol. Cette fois, c'en était trop, je m'emparai de mon sac, terrorisée, et quittai mon appartement. Je me mis à marcher dans les jolies rues pavées de ma ville normande lorsque je fus prise d'une oppression sur la poitrine et d'une difficulté à respirer. Des images me revinrent alors à l'esprit tel un film que l'on rembobine et que l'on repasse. Je revis, comme dans mon enfance, l'homme ganté de cuir noir. Cette fois, il sortait des documents roulés à la façon des parchemins d'un tiroir de bureau. Je ne voyais pas à

…

...

qui appartenait cette main, mais je la voyais remettre les documents à une femme partiellement recouverte du velours gris de sa robe. Puis une autre vision, je suis autour d'une imposante table en bois, un homme vêtu de noir m'enseigne une langue, nous rions, nous sommes amis.

Les deux expériences que je venais de vivre à quelques minutes d'intervalle me laissèrent un lourd sentiment d'anxiété. De retour à la maison, je me gardai bien de répéter ces étranges phénomènes, même aux oreilles les plus complices. Les dernières semaines avaient été particulièrement harassantes, et il n'aurait pas été étonnant que mes nerfs mis à rude épreuve jouent sur mes émotions et mon imagination. Pourtant, à partir de ce jour-là, plus rien ne serait jamais comme avant : je quittais la salle de l'oubli consenti, je venais d'ouvrir la porte des souvenirs, mais pour l'instant, ils demeuraient discrets et plutôt flous.

Les jours passaient et se ressemblaient avec une lassitude certaine. J'avais développé de violentes crises d'angoisse qui ne me laissaient aucun répit pour me reprendre socialement ou professionnellement. La vision de l'homme aux gants noirs revenait régulièrement dans mes rêves, avec de plus en plus de précisions. Je me tenais à chaque fois spectatrice de la scène, je voyais cet homme remettre des documents à la femme. Je distinguais le visage de la femme, maintenant, elle avait des traits similaires aux miens et semblait contrariée.

...

...

Cette simple scène du rêve se répéta plusieurs fois jusqu'à ce qu'une nuit, plus d'informations me parvinrent. L'homme dont je ne discernais toujours pas le visage tendait les documents à la femme contrariée. Je n'entendais pas ce qu'elle disait, mais je comprenais malgré tout, comme si l'information m'était directement envoyée. Les documents qu'on lui avait remis étaient compromettants et l'homme ganté l'aidait en les lui donnant. Je voyais maintenant un autre homme dans le couloir, la jeune femme le reconnut et accéléra le pas, elle ne se sentait pas en sécurité. L'homme la suivit. Elle ralentit lorsqu'elle vit un allié avancer vers elle. C'était l'homme de mes flashs, l'homme qui enseigne. Elle reprit son souffle, gênée par les multiples jupons qui freinaient la fluidité de ses mouvements. L'homme allié fit un signe de la main à l'homme étranger, un signe qui le sommait de s'arrêter. L'homme étranger obtempéra et la jeune femme repartit, accompagnée de l'allié, cet ami, cet enseignant.

Ce « rêve » était récurrent, tenace et intense. Je voyais la scène comme si j'étais une spectatrice invisible et silencieuse. Je n'entendais rien, mais j'avais accès à toutes les discussions d'une autre manière, comme si elles me traversaient. Ce que j'avais pris pour un rêve était en réalité un voyage astral [10], mais ça, je ne le savais pas encore non plus.

...

10. Le voyage astral consiste en l'extraction de la conscience du corps physique, notamment en phase de sommeil, la conscience explore ainsi d'autres plans.

...

Emportée dans cette spirale infernale, entre angoisse, flashs et « rêves », je décidai de me faire accompagner pour mieux comprendre ce qui m'arrivait. J'entamai donc une TCC (thérapie cognitivo-comportementale), notamment pour résoudre ces crises qui me pourrissaient littéralement la vie. Après m'avoir entendue énumérer mes expériences, mes ressentis et mes rêves, la psychologue m'orienta vers un magnétiseur qui, selon elle, saurait beaucoup m'apporter. Fraîchement sortie d'études de psychologie, le terme de magnétiseur à lui tout seul me laissait dubitative, mais vu mes difficultés, je n'avais pas grand-chose à perdre.

Je pris rapidement rendez-vous. J'allais d'entrée de jeu et sans m'y attendre pénétrer au cœur d'une de mes mémoires enfouies. Après un temps d'entretien durant lequel j'expliquai les raisons de ma venue, le soin énergétique commença. Lorsque le magnétiseur posa sa main au-dessus de ma gorge, je me mis à tousser avec force, ce qui me fit ouvrir les yeux aussitôt. Le magnétiseur retira sa main, regarda mon cou, me demanda si je souffrais de problèmes cutanés. Ce à quoi je répondis par un « non » bref, mais inquiet ! Sereinement, il m'apporta un miroir et me pria de ne pas m'inquiéter (c'était peine perdue...). C'est alors que je vis la marque rouge et distincte de cinq doigts entourant ma gorge. Le praticien me dit qu'il s'agissait sans doute d'un événement malheureux lors d'une vie passée, et sans forcément avoir succombé à cette agression, mon corps d'aujourd'hui en portait encore la trace énergétique, cette

...

...

trace devant accentuer le symptôme d'hyperventilation au moment des crises d'angoisse. D'un tempérament rationnel, je ne pus que constater cette marque ainsi que l'apaisement que ce soin m'avait procuré. Les crises devinrent alors beaucoup moins fréquentes et surtout moins violentes, sans pour autant tout à fait disparaître puisque leur cause originelle n'avait rien à voir avec les vies antérieures. La présence du souvenir énergétique gravé dans mon corps ne faisait que renforcer une fragilité existante.

Dès lors, j'entamai un travail personnel de longue haleine, chahutée de hauts et de bas. Un travail ô combien libérateur humainement et où j'allais comprendre que mes vies antérieures seraient ma porte d'entrée vers le monde subtil. Elles n'avaient pas fini de me surprendre, j'allais goûter à la nostalgie d'un passé troublé, fascinant, énigmatique, accompagnée d'âmes qui ne m'ont jamais vraiment quittée depuis et dont les souvenirs allaient peu à peu se rappeler à moi. Les souvenirs de ma vie anglaise se dévoilaient avec de moins en moins de retenue. Je m'y connectais de manière intempestive et sans contrôle. Il pouvait s'agir de visages, de situations heureuses ou malheureuses, de sons, d'odeurs, d'activités que je pratiquais et de la présence d'êtres chers à mon cœur dont j'ignorais encore les noms, mais dont je pouvais maintenant ressentir la présence, le choc de leur perte tragique. Tout cela m'avait ouvert les portes du monde subtil et celles de mes vies antérieures.

Vous êtes prêt énergétiquement

Du corps à l'esprit

Le corps énergétique, que certains appellent corps éthérique ou esprit, est indissociable du corps physique. Son état est influencé par le corps physique et vice versa. On peut mesurer l'état de ces deux corps par les termes de « vibrations » ou de « fréquences ». Oui, le corps physique est matière et dispose lui aussi de sa propre mesure énergétique. Puisque l'un impacte l'autre, nous pouvons dire qu'un corps physique en « bonne santé » aidera le corps énergétique à « rayonner ».

Que viennent faire ces histoires de corps dans les vies antérieures ? Comme évoqué plus haut, lorsque vous recevez un souvenir de vie antérieure, vous recevez un influx énergétique fort de « la mallette à souvenirs » de l'âme, une décharge énergétique, une fréquence. Cette décharge impacte le corps énergétique et, *de facto*, le corps physique. La personne peut ressentir des vibrations dans le corps, souvent dans les mains, les pieds ou la tête, mais aussi des vertiges, des frissons, des coups de chaud, bref ! tous les petits effets secondaires d'un « coup de jus ». Les médiums sont particulièrement bien placés pour en parler ! Si vos corps sont trop affaiblis pour une quelconque raison, l'influx peut s'avérer plus difficile à encaisser, c'est aussi pour cette raison que les médiums, les magnétiseurs ou les guérisseurs s'abstiennent de prodiguer leurs services s'ils sont malades ou émotionnellement amoindris. *A contrario*, un corps physique et un corps énergétique

« en forme et en phase » seront plus disposés à recevoir des influx énergétiques forts et à les canaliser. Bien sûr, cela ne peut pas être parfait, nous connaissons tous des coups de moins bien dans la vie ! Qu'à cela ne tienne, à nous de les accueillir, de prendre soin de nous jusqu'à ce que passe l'orage.

Vous avez l'accord de l'univers

Pour avoir accès à une vie antérieure, certaines personnes font une requête auprès de l'univers et elles ont bien raison ! Comme il est écrit dans les livres sacrés : « Demande et tu recevras », « Frappe à la porte et on t'ouvrira ». L'univers ne peut se contenter de devinettes, il a besoin lui aussi de sentir l'humain investi par une intention engagée et créatrice, il a besoin de sentir la fréquence de cette intention. Le verbe est créateur, car le verbe est fréquence et énergie. Choisissez donc bien vos mots pour exprimer une intention afin qu'elle soit comprise et juste. Favorisez la requête à voix haute. N'exigez rien de l'univers, présentez-vous en demandeur humble et bienveillant. Cependant, ce n'est pas parce que vous faites une demande qu'elle sera exaucée. L'univers répond avec ses propres lois, dont une large partie nous est probablement inconnue.

Lorsque vous ne recevez aucune réponse, vous pouvez vous sentir frustré et agacé, dites-vous que si l'univers ne vous donne pas accès à vos souvenirs, c'est qu'il y a une raison. Sans accord de l'univers, vos souvenirs resteront inaccessibles, et ce, dans votre intérêt.

Pour obtenir l'accord de l'univers, alignez le cœur, le corps, l'âme et l'esprit

Pourquoi une vie plutôt qu'une autre ? Pourquoi un souvenir plutôt qu'un autre ? Cette excellente question ne peut recevoir de réponse absolue (comme tout le reste, d'ailleurs). Est-ce l'âme qui nous retranscrit une vie plutôt qu'une autre ? Ou est-ce nous, en tant qu'humains, qui ne nous rendons disponibles que pour certaines vies ?

Personnellement, je pense qu'il y a un peu de deux. Si nous y réfléchissons bien, rares sont les humains marqués par des vies qui semblent « passives » aux yeux du monde incarné. J'ai rarement eu l'occasion de rencontrer des personnes qui se souvenaient de vies « tranquilles », « traditionnelles » ou « banales », j'ai plutôt rencontré des personnes aux vies passées passionnantes, tourmentées, violentes, trépidantes ou obscures sans pour autant être illustres.

Nous pourrions donc supposer que ces vies aux saveurs et aux empreintes particulières ont marqué l'âme, voici peut-être pourquoi elles reviennent plus aisément. Cependant, la plupart d'entre nous ont connu des dizaines, voire des centaines de vies passées, et donc très probablement bien plus d'une vie aux charmes singuliers. Alors, pourquoi une, précisément, ou quelques-unes perdues au milieu de centaines d'autres ?

Je me suis souvent demandé si l'égrégore, l'inconscient collectif avait quelque chose à y voir. Certains souvenirs ou époques se retrouvent couramment dans les vies antérieures, car ils sont marqués par un souvenir collectif fort, étant donné que nous sommes tous liés par la loi de l'unité, cette pensée collective nous impacte tout à des degrés différents. L'inconscient collectif faciliterait-il la résurgence de certaines vies passées ? Une possibilité à ne pas négliger.

Enfin, est-ce parce que nous sommes des êtres trop égotiques, parce que nous ne voulons pas nous remémorer des vies que nous nommons à tort « sans relief » ? Je dis « à tort » puisque ce côté sans relief est une vision humaine déterminée par un mental qui juge ce qu'est une bonne ou une mauvaise vie, une vie utile ou inutile. Chaque vie incarnée est un choix de l'âme, chaque vie incarnée est importante.

La réponse à cette question se trouve peut-être dans les trois suppositions. Elles n'ont peut-être rien à voir. Ou bien peut-être encore que la réponse est bien trop complexe pour notre humain.

Personnellement, je me souviens d'autres vies que cette vie anglaise que j'aime tant, mais je ne me « sens » pas marquée de la même manière par leurs énergies. Alors, est-ce parce que mon âme a été particulièrement touchée ou impactée par cette vie ? Est-ce parce qu'elle est portée par un certain inconscient collectif ? Ou bien est-ce juste moi qui entretiens le souvenir, car il plait à mon ego et à mon cœur ?

La réflexion et le débat sont ouverts.

L'instigation du doute : votre meilleur ennemi… mais pas trop longtemps !

Comme j'aime le rappeler dans mes conférences, le doute est sain ! Il nous permet de poser une distance vis-à-vis d'un événement et de garder notre aptitude au sens critique. Cependant, le doute est le fruit du mental, et non du cœur ou de l'âme, il peut donc être un frein aux ressentis et à l'intuition s'il se met à prendre trop de place. Concernant les vies antérieures, si le doute s'installe trop violemment, il peut non seulement vous couper de vos ressentis, mais il peut surtout vous couper de votre connexion au souvenir, il est même capable d'y mettre un point final. En même temps, comment ne pas douter, me direz-vous ? N'est-il pas légitime de s'interroger sur la pertinence de tout cela ? Si tout cela a un sens ? Après tout, cela ne pourrait être qu'une illusion, n'est-ce pas ? Une connexion à un univers fantasmagorique.

J'ai longtemps douté, me demandant si cette lubie pour la Renaissance anglaise n'était pas le fruit d'une projection, d'une simple passion passagère ou, pourquoi pas, d'une mémoire familiale ignorée. Ces questions envahissaient régulièrement mon esprit et entraient en opposition avec mes ressentis et mes convictions profondes. Pourtant, lorsque je voulais bien tendre l'oreille, mon âme répondait à chaque question du mental.

Mais pourquoi le doute pénètre-t-il l'esprit aussi facilement ? Tout simplement parce qu'il naît d'une tension cérébrale, d'une tension des idées. « Je pense A, je ressens B. »

Suis-je folle de penser que j'ai vécu au XVIe siècle dans une Angleterre tourmentée ?
La folie est une crainte humaine, moi, l'âme, je transmets des informations à ton cœur, rappelle-toi toutes les informations dont tu disposes déjà et tes affinités de jeune enfant.

Et si je fantasmais ? Après tout, qui ne rêve pas de château et de jolies robes ?
Tu ne rêves pas de jolies robes, les jolies robes se rappellent à toi comme un doux souvenir au milieu d'une vie passée marquante, tout comme le font les châteaux anglais, leurs murs et leurs odeurs. Voilà pourquoi tout ceci te semble si familier.

Et si j'étais folle… au sens psychiatrique du terme ? Une sorte de dissociation mentale.
La folie est la conséquence des sensibilités incomprises et inexprimées, la folie est humaine, toi, tu exprimes tes souvenirs, tu t'interroges parfois trop au détriment de ton cœur. Tout est OK. Tu chemines.

C'est dans cette lutte intérieure que l'univers utilise ses plus beaux atours pour nous guider et nous enseigner l'écoute du cœur et de l'âme. Il est inutile de lutter contre le doute, il s'instille dans la plus petite faille de l'esprit et creuse un méandre si rapidement qu'il ne sert à rien de vouloir l'arrêter à tout prix. Il faut recevoir le doute, il est une partie saine du processus. Sans lui, vous seriez dans une certitude absolue qui est, quant à elle, un concept lié à l'ego. Toutefois, le doute ne doit pas prendre ses quartiers dans votre esprit, il doit être de passage, il peut déposer ses valises, quelques jours, quelques semaines, mais doit vite comprendre qu'il ne peut pas rester, sous peine d'endommager le cœur. Comment communiquer avec cet invité encombrant ?

Ouvrez-lui la porte et écoutez-le, il a des choses à vous dire, par exemple que tout ceci lui fait peur, qu'il n'est pas prêt et qu'il craint pour l'esprit. Ce sera ensuite au cœur de le rassurer, en lui expliquant que les souvenirs de l'âme ne sont pas un problème, bien au contraire, ils sont un cadeau inestimable qui permettra à l'âme, au cœur et à l'esprit de continuer à cheminer.

Pour ma part, le doute avait décidé de poser ses valises pour un petit moment, il m'aura fallu du temps et de l'aide pour le convaincre de disparaître définitivement.

Mais pourquoi le doute pénètre-t-il l'esprit aussi facilement ? Tout simplement parce qu'il naît d'une tension cérébrale, d'une tension des idées. « Je pense A, je ressens B », « On veut que je fasse A, je veux faire B ». Cette tension est nommée « dissonance cognitive » en psychologie et est intenable pour le cerveau, qui supporte mal les tensions électriques que ce genre d'opposition lui crée. Il met alors en place des « solutions » qui se traduisent dans le comportement humain.

Par exemple, imaginons une personne persuadée d'avoir été soldat en 1944 dans une vie passée, avec des souvenirs forts et vivaces, qui se voit sans cesse moquée pour ce sentiment. Tous ses proches en rient et lui disent qu'elle est « folle », qu'elle hallucine, qu'elle doit redescendre sur terre, etc. Que se passe-t-il alors dans le cerveau ? La dissonance cognitive s'installe, nous sommes dans le cas de figure « on veut que je fasse A, je veux faire B ». La tension est forte pour le cerveau, trop forte, même, à tel point qu'elle fait naître le doute dans l'esprit. À partir de ce moment-là, soit le cœur peut apaiser le doute et lui faire quitter l'esprit (les mémoires peuvent continuer leur retour à la conscience), soit il gagne la partie pour s'installer définitivement, bloquant ainsi les mémoires et les ressentis.

Voilà pourquoi le doute doit être accueilli en pleine conscience par notre esprit, nous devons pouvoir dire : « OK, à cet instant, je doute, peut-être que tout ceci n'est pas réel, peut-être que tout ceci a une autre explication, peut-être n'en a-t-il pas. J'accueille, j'intègre et j'apaise, seule la connexion au cœur me donnera la réponse. »

Le point positif du doute (oui, oui, il y en a quand même un !) : comme je le disais, il est sain, car il permet de se questionner et de ne pas tomber dans les certitudes mentales liées à l'ego. Le temps de doute peut aussi offrir à la personne l'occasion d'explorer d'autres pistes, je pense notamment aux mémoires familiales et transgénérationnelles, qui ne doivent pas être confondues avec les vies antérieures.

Lorsqu'il est accueilli de manière juste et proportionnée, il laisse peu à peu la place à la vérité intérieure, qui ne doit pas être confondue avec le concept de certitude.

La vérité intérieure est liée à la foi, à la justesse du ressenti, au sentiment inébranlable de « savoir » sans craindre l'avis des autres, alors que la certitude, fruit de l'ego, se trouve blessée et heurtée dès qu'elle se retrouve face à ses opposants. Le sentiment de paix que vous éprouverez face à l'opposition de vos ressentis vous dira si vous êtes dans votre vérité intérieure ou dans votre certitude mentale.

Témoignage de l'autrice

Rencontre avec Thomas Cromwell

Il est temps de vous présenter Thomas Cromwell [11], une âme avec laquelle j'ai tant partagé dans ma vie passée. Il n'est pas avare de méthodes pour signaler sa présence pour laquelle ma gratitude est infinie.

Cette nuit-là, rien ne m'avait préparée à cela. Je dis souvent que je me suis « retrouvée » en astral, car je ne ressens que très rarement la phase de décorporation. J'étais assise sur une chaise face à un homme derrière son bureau. La pièce était plongée dans le noir le plus total, nous étions les deux seuls « visibles ». Je ne ressentais ni peur, ni doute, ni appréhension (c'est un des bénéfices de la dimension astrale, nos craintes humaines n'ont plus lieu d'être, nous sommes conscience, nous sommes énergie). Je le reconnus instantanément, mon âme le reconnut. C'était Thomas Cromwell, un

...

11. Thomas Cromwell (1485-1540) fut un avocat et *Lord Chancellor* d'Angleterre.

…

des hommes sur les portraits des encyclopédies de mon enfance et une figure politique britannique du XVIe siècle parfois décriée. Je l'identifiais dans sa fonction, mais surtout comme un ami avec lequel je me sentis immédiatement en sécurité. J'observai mes bras et mes jambes, je portais une robe d'époque damask, je me souviens avoir laissé échapper un « Wouah » d'émerveillement. L'échange s'est fait en anglais tout du long, tout naturellement, « comme avant ».

— Tu sais, toi, que je n'ai pas commis que des erreurs, tu sais que tout n'est pas écrit dans les livres, n'est-ce pas ? Je sais que tu te souviens.

Son ton était empreint de tristesse et de lassitude. Je lui répondis :

— Bien sûr, Thomas, je me souviens.

Soudain, je plongeai dans son regard et assistai à une scène de ses jeunes années dans l'armée, une scène magnifique de courage et de bonté que je me permets de ne pas vous dévoiler et de garder comme un secret

…

...

entre deux âmes. Puis je fus de nouveau dans cette pièce noire. Il reprit :

— Je voulais que tu saches.

Je l'ai remercié de cet échange et je me suis réveillée les yeux grands ouverts. Thomas Cromwell venait de se rappeler à moi, le sentiment de familiarité de mon enfance venait de prendre forme, les souvenirs de notre vie passée commune allaient revenir peu à peu.

Cette nuit-là, mon âme et son âme s'étaient autorisées à se retrouver et à divulguer leurs secrets à mon être incarné. Plus de barrières, plus de mental, je l'avais reconnu comme ami. Mes souvenirs communs remontèrent les jours suivants : Thomas Cromwell, mon cher ami et protecteur, était l'homme qui me tendait les documents. Les pièces du puzzle commençaient à s'assembler, Thomas Cromwell, à l'instar d'Anne et de Thomas More, allait m'accompagner dans ma quête, et sa présence, comme celles des autres, n'allait plus me quitter.

Différencier mémoires transgénérationnelles et mémoires karmiques

Il est important de faire un point pour différencier ces deux mémoires, car elles ne sont ni de même nature ni de même substance. La mémoire transgénérationnelle est la mémoire héritée de nos ancêtres. Qu'il s'agisse de schémas mentaux répétitifs, de potentialités ou de traumatismes, les comportements, les caractères et les événements de la vie d'un individu se répercutent de manière plus ou moins forte sur les générations suivantes, qui subissent un souvenir ou des émotions qui ne leur appartiennent pas et qui sont pour la plupart inconscientes. Pourtant, cette mémoire d'ancêtre est ancrée dans l'inconscient de l'héritier dès le plus jeune âge, parfois même dès la naissance. Il reproduira inconsciemment certains traits ou certains schémas de vie de son ancêtre. Par moments, il constatera que son comportement, sa peur ou sa réaction sont « bizarres » ou « inexpliqués », qu'ils n'ont pas lieu d'être. Il se peut qu'il se questionne jusqu'à découvrir les tenants et les aboutissants de ces mémoires et il devra opérer un travail personnel pour ne plus porter la mémoire du passé.

Prenons un exemple assez classique : l'arrière-arrière-grand-mère de Mme X est morte dans un incendie quelques jours avant Noël. La lignée de femmes suivante, qui ignore tout du triste sort de son ancêtre commune, développe dès le plus jeune âge une phobie du feu ou bien encore des éruptions cutanées inexpliquées tous les mois de décembre. Voilà une symptomatologie typique d'une mémoire familiale qui pourrait facilement se confondre avec une mémoire karmique (symptômes et peurs étranges) puisque la personne réagit à quelque chose qu'elle n'a pas expérimenté. Elle ne comprend souvent pas ce décalage entre les émotions qu'elle ressent soudain et son caractère ou son tempérament habituel. L'amalgame entre les deux types de « mémoires » est alors possible. Cependant, elles sont de nature différente, les mémoires familiales sont terrestres et plutôt d'ordre psychologique puisqu'il s'agit d'une transmission d'inconscient à inconscient (même si un soupçon d'énergétique peut s'y infiltrer), alors que les mémoires karmiques, les mémoires de l'âme, sont, elles, purement d'ordre énergétique, l'inconscient n'a ici rien à voir.

Comment faire la différence puisque les émotions et les sentiments qui s'y mêlent peuvent être sensiblement les mêmes ? Tout est une question de ressenti puisque tout est dans l'énergie. Vous me direz que cela vous fait une belle jambe, pourtant, je vous rétorquerai que c'est là la seule réponse. À vous d'aligner corps, âme et esprit pour « trier » vos mémoires. L'expérience et la confiance en votre intuition seront vos alliées.

Le miroir mémoires familiales/mémoires karmiques

Puisque rien n'est aussi aisé qu'il y paraît, il est également possible d'observer un miroir entre mémoires familiales et mémoires karmiques. Ce n'est pas parce que plusieurs de vos ancêtres sont morts sur les champs de bataille que vous n'avez pu être soldat dans l'une de vos vies passées. Vous héritez alors d'une double mémoire, l'une transmise par l'inconscient familial, l'autre transmise par l'âme.

Si les mémoires familiales vous intéressent ou vous intriguent, sachez qu'il existe la possibilité d'effectuer une constellation familiale. Il s'agit d'une thérapie brève permettant de se plonger dans son histoire familiale pour mieux la comprendre et se libérer des mémoires ancestrales qui nous pèsent.

Souvenir de vies antérieures ou biais cognitif ?

Il n'est plus à prouver que le cerveau est le plus grand illusionniste de tous les temps, le Houdini de l'incarnation terrestre ! Il peut vous flouer, vous convaincre que le réel est faux et que le faux est réel, il est le maître du déguisement et de la comédie. Plusieurs études psychologiques ont pu montrer que le cerveau crée sa réalité en associant apprentissage, répétitions, conditionnement et schémas mentaux. Des études ont été menées sur les souvenirs et sur la capacité qu'a notre cerveau à biaiser des souvenirs existants ou à intégrer comme réels des souvenirs qui n'ont jamais eu lieu.

Voici deux théories qui vont dans ce sens, cette liste n'est bien sûr pas exhaustive.

Inflation par imagination

Maryanne Garry, psychologue et professeure d'université néo-zélandaise, et ses collaborateurs découvrent que les personnes sont plus convaincues qu'un événement d'enfance a existé après l'avoir imaginé. Par exemple, si on leur demande « Lorsque vous étiez enfant, avez-vous brisé une vitre ? Imaginez la scène avant de répondre ! », les sujets retrouvent plus fréquemment un tel « souvenir » que lorsqu'on leur pose la question directe « Avez-vous cassé une vitre dans votre enfance ? ».

Paradigme « Perdu dans un centre commercial »

En 1995, Elizabeth Loftus, psychologue cognitiviste américaine, et Jacqueline Pickrell, professeure de psychologie à l'université de Washington, montrent l'efficacité de la suggestion pour « implanter » de faux souvenirs d'enfance.

L'expérience paradigmatique, « Perdu dans un centre commercial », consistait à présenter à 24 Américains un résumé de quatre histoires d'enfance, reconstituées avec l'aide de leur famille. Trois histoires sont vraies, et la quatrième est inventée de toutes pièces. On leur raconte qu'ils se sont perdus dans un centre commercial alors qu'ils faisaient des courses avec leur mère, qu'ils ont été recueillis par une vieille dame, qu'ils ont été ramenés à leurs parents et que tout s'est bien terminé. Puis, au cours de plusieurs entretiens, on leur demande de se rappeler le plus de détails possible concernant cet événement. 25 % des sujets reconstruisent un souvenir fictif de cet incident, y croient fermement et ajoutent à leur récit une foule de détails sensoriels et émotionnels (« je me souviens que la dame qui m'a recueilli avait les cheveux blancs coiffés en chignon, elle portait des lunettes, elle avait une robe noire, j'étais affolé et elle m'a consolé, etc. »).

On a reproché au Dr Loftus que ces événements aient pu avoir lieu malgré tout. Bien décidée à démontrer le bien-fondé de sa théorie, elle réitéra son expérience, toujours en Amérique, avec un nouvel échantillon de 24 sujets en implantant des souvenirs impossibles, tels que Bugs Bunny rencontré à Disneyland, alors qu'il est un personnage de la Warner Bros. Résultat, plus de 60 % des personnes adultes testées qui sont allées à Disneyland se rappellent avoir serré la main de Bugs Bunny, et 50 % l'avoir enlacé. Les expériences ont porté aussi sur des souvenirs improbables, tels qu'avoir été léché avec dégoût par Pluto. Après avoir nié l'événement au départ, 30 % affirment en avoir le souvenir et refusent d'acheter les gadgets à l'effigie de Pluto ! Tout ceci par l'implantation simple d'une idée en utilisant quelques techniques psychologiques. Imaginons donc quelqu'un faire de même pour vous créer un faux souvenir de vies antérieures, un souvenir que vous finiriez par croire, ressentir et peut-être même visualiser, alors qu'il a vous a été « soufflé ».

Voilà donc à quel point il est aisé d'être berné par l'outil que nous pensons souvent être le plus performant de notre être, le cerveau. Alors, quand un souvenir de vie passée refait surface, comment savoir s'il est « fiable » ? Comment être sûr que ce n'est pas encore un tour du grand illusionniste ?

Ici aussi, la clé réside dans l'énergie. Les études présentées ci-dessus sont des études psychologiques, les biais cognitifs sont reliés à la matière, les souvenirs intégrés ou modifiés sont tous au moins partiellement composés d'éléments connus de la vie présente de la personne (lieux, époque, noms, prénoms), de questions répétitives ou de suggestions (implantation d'une idée) telles que « Mais si ! Souviens-toi ! ».

Or, comme nous avons pu le constater précédemment, les souvenirs de vies passées résultent d'un influx énergétique, le souvenir et le ressenti qui lui est associé n'ont donc rien à voir avec le souvenir « classique ». Les mémoires karmiques sont intrinsèques à la mémoire de l'âme et non à la mémoire de l'homme. Elles sont ensuite retranscrites pour être interprétées par le cerveau. Leur retranscription ne peut être parfaite puisqu'elles seront décryptées à l'aide des codes ou des schémas préétablis par la personne. Les décors, les physiques, les couleurs peuvent varier quelque peu lorsque vous traduisez un texte d'une langue à une autre, certains mots ont du mal à trouver leur équivalence dans l'une ou l'autre langue, pour autant, vous arrivez à lui donner un sens proche. Il en est de même ici, dites-vous que vous traduisez dans la langue humaine une histoire écrite dans la langue de l'âme.

Les marqueurs de vies passées

Nous l'avons vu, certaines mémoires sont tellement fortes et ancrées qu'elles pourront frapper à la porte et s'infiltrer au travers des fissures que nous avons évoquées plus haut bien avant que le voile de l'oubli ne soit levé. Pour certaines personnes, ces souvenirs exprimés au travers des fissures demeureront inconscients, ils seront « mélangés » à la vie humaine, du style : « Je me présente, je m'appelle Paul et je suis un passionné de hiéroglyphes », mais Paul n'a pas du tout conscience que sa passion est l'expression d'une mémoire karmique, elle n'a donc aucun impact réel dans son quotidien. Et tout est OK, c'est ainsi que cela doit être.

Pour d'autres, la conscience des mémoires est réelle, et même s'ils peinent à poser des mots sur leurs ressentis, les souvenirs leur collent à la peau et « ils savent » qu'ils ont vécu d'autres incarnations. Ces personnes ont souvent du mal à trouver leur place en société, et ce, dès l'enfance. Elles sont qualifiées de lunaires, de réservées, voire d'inadaptées. Elles ont un monde intérieur fort et s'intéressent à des sujets dissonants par rapport à leur âge ou leur époque. Leurs souvenirs s'expriment alors sous forme de rêveries pour lesquelles ils maintiennent une nostalgie et un attachement important. Certains vivent même ces souvenirs en totale conscience, comme s'ils feuilletaient un album souvenir tout en sachant que leur présent est différent. On peut aussi retrouver le mariage des « deux profils », à savoir une personne aux mémoires fortes peinant à s'incarner pleinement et qui n'a pas du tout conscience de ses mémoires, ce qui a tendance à créer un mal-être supplémentaire puisqu'elle n'a pas d'explications à sa différence.

Il est intéressant de noter que les personnes « marquées » par des mémoires fortes et palpables dégagent une énergie particulière. Certaines mémoires sont même si transparentes énergétiquement qu'il est aisé d'en retrouver la forme rien qu'en les regardant ou en les ressentant.

Prenons l'exemple des personnes aux mémoires templières. J'ai eu l'occasion d'en croiser peu, mais leurs énergies et leurs profils m'ont bouleversée chaque fois. (C'est bien pour cela que je prends souvent cet exemple.) Les templiers, ces chevaliers au destin malheureux, tiennent une place importante dans les inconscients collectifs, ils fascinent, ils interrogent et sont l'objet de multiples croyances. Par conséquent, lorsqu'une personne présente ce type de mémoire, elle est facilement détectable, nourrie et encouragée par l'égrégore collectif. Ce sont souvent des personnes avec une érudition particulière, elles ont tendance à porter un intérêt pour la religion, mais surtout pour des valeurs morales strictes et rigides sans avoir reçu ce genre d'éducation ou d'héritage. La loyauté, les promesses et l'engagement sont des valeurs fondamentales. Notre société moderne est en général trop « légère » pour elles et elles tendent malgré elles à s'exprimer comme « de vieux bouquins ». En résumé, elles se sentent en complet décalage avec la modernité, ce qui rend souvent leurs relations sociales sporadiques et complexes, à moins de trouver des âmes aux marqueurs similaires. Si vous travaillez avec les énergies, vous noterez vous aussi que ces personnes ont un « marqueur énergétique » particulier qu'on remarque et qui ne laisse pas indifférent.

Certaines ont pleinement conscience de leur vie antérieure en tant que templiers et mélangent naturellement les notes de leur vie passée avec celles de leur vie moderne. On peut sentir que ce n'est pas tout à fait juste sur un plan énergétique, mais que l'humain n'en pâtit que très peu. D'autres l'incarnent en pleine conscience, ce qui est plus embêtant sur un plan énergétique puisqu'ils choisissent à dessein d'embrasser leur vie passée, l'évolution de leur vie présente peut se trouver fortement ralentie. Enfin, d'autres auront conscientisé et travaillé cette mémoire, leur permettant ainsi un équilibre entre le souvenir et leur vie incarnée. Bien sûr, ces profils sont valables pour toutes les mémoires fortes et ancrées, je prends l'exemple des templiers, car les marqueurs énergétiques sont plutôt forts et connaissent peu de nuances.

Outils d'accès aux vies antérieures

L'accès à un souvenir de vie passée peut se faire de manière « naturelle » ou provoquée.

Parfois, un événement, une synchronicité lui permettra de remonter à la conscience, d'autres fois, la personne y aura accès en utilisant un des nombreux outils mis à notre disposition lors d'un travail personnel et au moment où la recherche de l'éveil de la conscience est en cours. Cependant, je suis persuadée que, quel que soit le chemin emprunté, les souvenirs ne nous sont retransmis que si nous sommes prêts.

Le stimulus extérieur, déclencheur du flash

Ce sont des déclencheurs « naturels », ils surgissent sans crier gare, de manière inattendue. Ils permettent à l'influx énergétique d'être transmis et de faciliter le retour à la conscience. Le souvenir est alors réactivé.

C'est l'une des manifestations les plus courantes et les plus simples d'accès pour la conscience. Il s'agit de quelques minutes ou d'un bref instant pendant lequel la personne se sentira étrangement en adéquation ou en opposition avec un lieu, une situation ou une autre personne. Une sensation qu'elle ne saurait expliquer, un sentiment de familiarité, un ressenti intense pouvant aller jusqu'aux sensations physiques.

C'est précisément ce que j'ai ressenti lorsque Thomas More m'a délivré un message.

Témoignage de l'autrice

Rencontre avec Thomas More

Vous l'aurez compris, l'heure est à la présentation de Thomas More ! Autant j'ai le souvenir net de la présence et du marqueur énergétique d'Anne dans ma vie, et ce, dès mon plus jeune âge, autant tout est plus flou et vague pour Thomas More [12]. Je ne pourrais dire quand le « contact » avec lui a commencé, car j'ai aujourd'hui l'impression qu'il a toujours été là, comme la trace d'un parfum réconfortant qui nous enveloppe et que l'on aime humer de temps à autre. Mes pensées les plus lointaines pour cet homme me ramènent toujours à un homme doux, bienveillant, drôle et érudit. Bien sûr, il n'était pas parfait, mais qui peut prétendre l'être, surtout dans une période aussi troublée que la Renaissance ?

Cependant, il y eut un jour en particulier où son énergie, les souvenirs et même certains mots remontèrent à ma

…

12. Thomas More (1487-1535) est un avocat, écrivain et *Lord Chancellor* d'Angleterre.

…

conscience de manière nette et soudaine. Souvenez-vous de mon court séjour londonien durant lequel j'étais repartie avec de nombreux livres sur les Tudors. Dans ma pile se trouvait, entre autres, *The Last Letters of Thomas More*. Le livre était resté un long moment à prendre la poussière dans ma bibliothèque. Occupée par le quotidien et par mes nombreuses autres lectures qui attendaient patiemment que je daigne y jeter un œil, je n'avais pas encore pris le temps de le parcourir. Ce jour-là, j'avais « décidé » d'en faire ma dégustation littéraire du jour. Je m'emparai du livre et, poussée par une étrange intuition, l'ouvris à une page « au hasard », et voici ce que le hasard me livra : « Toi qui te souviens de More, puisse ta vie être longue, et ta mort une porte ouverte sur la vie éternelle [13]. »

Mon cœur s'emballa et ma tête commença à tourner. Je m'assis, des mots, une phrase « Fear no one » (« N'aie peur de personne ») et des images, le troisième portrait de l'encyclopédie, Thomas More, cet homme qui m'enseignait le grec et le latin, descendait un énorme escalier en bois accompagné de jeunes garçons, cet ami avec qui je me revoyais rire et partager. Derrière lui, l'horloge… l'université de Cambridge… Les larmes me montèrent aux yeux, les vertiges cessèrent, le voile tomba sur mes yeux, impossible de résister à la vague de sommeil qui était sur le point de m'emporter. Je me

…

13. Traduction de l'autrice.

...

réveillai deux heures plus tard, groggy, mais les souvenirs nets, et m'empressai de déposer sur le papier les éléments d'une « mémoire retrouvée ». Bien que cette expérience me permît de rassembler quelques pièces du puzzle, il me faudrait encore un peu de temps avant de recevoir les informations sur mon identité « d'antan ». Je remerciai l'univers, Thomas More, Dieu, qui sais-je encore, pour m'avoir offert un cadeau aussi beau que précieux. Ce fut donc mon intuition qui me poussa à ouvrir ce livre, ce jour-là, à cette page précise, mais une intuition inspirée par qui ? Par quoi ? Thomas More ? Mon âme ? Mes guides ? L'univers ? Tout ceci à la fois ?

La probabilité pour que cette page sorte au milieu des 252 autres possibilités était infime, et pour moi, le message était clair, cette lecture avait été le déclencheur naturel de mes souvenirs, Thomas More, un ami, un enseignant que la cruauté de l'époque m'avait arraché et dont mon âme avait gardé les larmes. J'aurais pu penser au pur hasard ou à mon imagination, mais tout me semblait si évident que je me suis à peine posé la question. Ce que je vivais, ce que je ressentais ne

...

...
pouvait être créé par le mental, il était créé par l'âme et transmis au cœur. Mon corps avait réagi à la lecture de ces mots, à la portée énergétique forte qui ravivait en moi des souvenirs. Les lire fut comme entendre Thomas More me les murmurer.

La méditation guidée

À l'état d'éveil, notre cerveau émet des ondes rapides nommées ondes bêta, sur une fréquence se situant entre 12 et 30 Hz. Lors d'une activité intellectuelle intense, cette fréquence augmente, nourrie d'ondes gamma qui se situent aux alentours de 40 Hz. Lors d'un état méditatif, qui s'atteint en alliant respiration profonde et lâcher-prise, nous pouvons parvenir aux ondes thêta, entre 4 et 8 Hz. La méditation est un état de conscience modifié qui nous permet de poser notre mental, de lâcher prise sur le marasme qui pollue constamment notre esprit et de favoriser, avec un peu d'entraînement, l'ouverture du canal perceptif subtil et intuitif.

Mise en pratique

Tout d'abord, trouvez un lieu, une pièce où vous serez sûr de ne pas être dérangé pendant environ une heure. Prévoyez de quoi vous mettre à l'aise, portez des vêtements amples, prenez une couverture, des coussins et d'autres choses confortables si le cœur vous en dit. Vous pouvez également vous munir d'un carnet afin de noter vos ressentis ou ce que vous avez vu durant votre méditation.

Une fois confortablement installé, fermez les yeux et prenez de profondes inspirations puis relâchez par de profondes expirations. Recommencez une dizaine de fois. Graduellement, vous sentirez vos muscles se détendre et votre corps en contact profond avec le sol. Prenez le temps de sentir chaque partie de votre corps en contact avec le sol. Vous vous enracinez. Inspirez, expirez. Vous vous détendez, vos pensées quotidiennes vous quittent peu à peu, et si elles reviennent à la charge, recentrez-vous sur votre respiration. Maintenant, visualisez un long couloir distribuant plusieurs portes à gauche et à droite. Les portes sont belles et brillantes. Vous vous tenez à l'entrée de ce long couloir et vous tenez un objet familier et rassurant dans votre main droite. Cet objet peut être un bijou, un bâton, une peluche de votre enfance… Quoi qu'il en soit, il vous rappelle que vous êtes ancré ici et maintenant, et que vous êtes en sécurité. Rien ne peut vous arriver. Vous commencez à avancer dans ce long couloir, les lumières des portes scintillent. Choisissez une de ces portes et ouvrez-la. Faites votre choix en confiance, sans crainte ; rappelez-vous que vous avez votre objet sacré dans votre main et que rien ne peut vous arriver. Prenez le temps dont vous avez besoin pour choisir votre porte. Lorsque cela est fait, dirigez-vous vers elle et tenez-vous devant elle en récitant ce mantra : « J'ouvre cette porte sur un des souvenirs de mon âme en confiance. » Lorsque vous êtes prêt, ouvrez et laissez-vous guider, voyez où cette porte vous mène. Lorsque votre expérience est terminée et que vous sentez qu'il est temps de revenir, refaites le chemin inverse pour retrouver votre porte. Remerciez l'univers pour ce que vous avez vu ou ressenti. Reprenez le long couloir et, peu à peu, réveillez vos muscles en bougeant doucement.

Lorsque vous êtes prêt, ouvrez doucement vos yeux et reprenez corps avec la réalité. Prenez votre temps, étirez-vous, buvez une boisson chaude puis, si vous le souhaitez, prenez votre petit carnet et notez-y vos ressentis et votre expérience.

Il est possible que vous assistiez à un souvenir clair et détaillé, à un souvenir flou, peut-être juste une époque, un lieu, une émotion. Il est aussi possible que rien ne se passe, qu'il n'y ait rien derrière cette porte. Comme mentionné plus haut, de nombreux paramètres entrent en ligne de compte, votre état du moment et votre charge quotidienne, qui vous permettent plus ou moins de lâcher prise. Peut-être n'êtes-vous tout simplement pas prêt à recevoir ces informations. Ne baissez pas les bras. Soyez patient et persévérez.

L'hypnose spirituelle

Commençons par définir l'hypnose pour l'appréhender simplement. Il s'agit d'un « état modifié de conscience qui permet au sujet d'être réceptif aux suggestions et aux expériences vécues ». L'hypnose est un phénomène naturel, nous nous mettons d'ailleurs nous-mêmes en hypnose plusieurs fois par jour. Par exemple, lorsque nous effectuons un trajet habituel en voiture, il finit par devenir automatique à tel point que nous nous rendons à peine compte de notre itinéraire. De même, lorsque notre esprit vagabonde en pleine journée et que nous « perdons » le fil des événements du moment. Tous ces moments sont des états hypnotiques. L'état d'hypnose permet à notre inconscient de se révéler à notre conscient.

À la différence de l'hypnose classique, qui explore les mémoires inconscientes de la vie présente, l'hypnose spirituelle conduit la personne à approcher les énergies de l'âme en accédant à la conscience supérieure de l'individu. L'expérience est principalement énergétique et subtile, certains protocoles orientent la séance vers les souvenirs de vies antérieures, mais ce n'est ni une obligation ni le but premier d'une hypnose spirituelle. Les expériences peuvent être diverses et variées : certains choisiront le contact défunt, où la personne pourra entrer en interaction avec des proches disparus ou des ancêtres, d'autres auront un message à laisser, et d'autres encore se présenteront simplement afin d'appuyer amour et soutien auprès de la personne.

Le voyage astral

Le voyage astral fut pour moi une véritable révélation, un cadeau du ciel qui me permettrait de revisionner cette vie comme on se repasserait une vieille cassette VHS. Je dois bien avouer que lors de mon premier voyage astral, je n'en menais pas large !

Mais de quoi parlons-nous ici ? Nous pouvons définir le voyage astral comme une sortie du corps, une dissociation momentanée entre l'esprit et le corps permettant ainsi au corps éthérique conscientisé d'explorer d'autres dimensions, l'astral, notamment, peu accessible par l'humain au quotidien. Me concernant, le voyage astral a été LA clé pour explorer cette vie antérieure si particulière. Bien sûr, l'accès à mes souvenirs ne fut pas immédiat.

Mes premières sorties astrales réalisées en conscience (car oui, nous sommes très nombreux à en faire, pour autant nous sommes peu à nous en souvenir) m'ont servi d'entraînement en quelque sorte. Le processus était sensiblement le même chaque fois, la sortie astrale se produisait en phase de sommeil, je me sentais m'extraire de mon corps puis je me « baladais » sans crainte aucune là où l'univers avait décidé de m'emmener. Cela pouvait se limiter à mon petit chez-moi ou à des endroits totalement inconnus. Ces sorties n'étaient jamais « planifiées ». Elles arrivaient, voilà tout [14].

Le voyage astral était et demeure mon outil de prédilection pour explorer les mondes subtils, il me permet l'accès aux plans et aux dimensions non accessibles par les fréquences lambda de la conscience. Tout comme pour l'hypnose, il s'agit d'un état de conscience modifié qui se produit le plus souvent durant la phase de sommeil paradoxal et au moment où les deux hémisphères cérébraux atteignent la même fréquence.

L'exploration des sphères subtiles est infinie. Par le voyage astral, nous pouvons communiquer avec nos guides, « apprendre » certaines lois énergétiques en les pratiquant au plus près de ces sphères et, bien sûr, avoir accès à des

---

14. Si ce sujet vous intéresse, je vous propose de lire mon ouvrage *Expérimenter le voyage astral*. Vous y trouverez une approche claire et plus précise, ainsi que quelques clés pour optimiser votre expérience.

souvenirs individuels, collectifs, des souvenirs qui nous appartiennent ou non. Si, si, vous avez bien lu, grâce au flux informationnel universel, nous pouvons avoir accès à des événements passés que d'autres personnes ou d'autres âmes peuvent nous livrer et, bien sûr, au futur, même si cela est plus rare. Ce type de souvenirs peut nous être transmis notamment grâce aux annales akashiques, cette grande bibliothèque d'informations universelles que l'univers met à notre disposition pour accéder à l'histoire du monde. Voilà pourquoi, en astral, beaucoup d'informations sont communiquées de manière énergétique, sans la parole. En astral, nous savons. Les informations nous traversent et nous transcendent.

Pourquoi accédons-nous à une information plutôt qu'à une autre ? Aucune idée ! Mais toutes les théories sont envisageables : la bonne connexion au bon moment ? Le pur hasard (vous connaissez déjà mon avis sur la théorie du hasard...) ou une information qui nourrit notre âme ? Qui lui est utile ? Ou qui est utile à l'âme d'un défunt lorsque c'est le cas ? Peut-être n'aurons-nous jamais cette réponse. Peu importe, accueillez le champ des possibles et laissez-vous guider par ce qui vous semble le plus juste.

Le voyage astral est un phénomène naturel qui se pratique depuis la nuit des temps. Largement présent dans l'Égypte et la Grèce antique, il eut aussi son heure de gloire au Moyen Âge, notamment grâce aux écrits de Saint-Antoine de Padoue, ardemment étudiés à cette période. Ce n'est qu'à la Renaissance qu'il fut diabolisé par l'intégrisme religieux, qui le percevait comme un outil dangereux et démoniaque pour le peuple, cette pratique étant alors attribuée aux sorcières. La littérature orale bouddhiste, hindouiste ou chamanique relate aussi ces expériences. Cependant, il n'est pas à confondre avec le rêve, avec lequel la limite est parfois floue. Le rêve est relié aux sphères inconscientes, le voyage astral est lié à l'énergie et au monde subtil.

Voici une expérience personnelle qui concerne le souvenir d'un soldat français sous Napoléon.

Témoignage de l'autrice

L'embrasement, souvenirs d'un militaire français

Je me tiens devant un soldat français dans une grande salle qui ressemble à un petit amphithéâtre, un endroit parfait pour les réunions. Le soldat porte l'uniforme napoléonien bleu et rouge, son casque posé sur le bureau qui trône à l'entrée de la salle, il lit le journal dont la date indique juillet 1810. Cette information me saute aux yeux et j'attends. Un de ses collègues approche et lui dit :

— Tu viens ? Les festivités vont commencer.

— J'arrive ! lui répond le soldat, un instant.

Le soldat finit de lire son journal un moment et sort de la pièce. Je me trouve maintenant dans une salle de bal, le militaire participe aux réjouissances, il est sans

...

…

nul doute gradé. Les gens rient, dansent, ils ont chaud, certains transpirent déjà. Soudain, les flammes : le plafond s'embrase, les invités crient, se précipitent vers la seule et unique sortie. Clap de fin, je regagne mon corps.

Évidemment, à mon réveil, je m'empresse de faire des recherches sur ce tragique événement, et étant relativement proche de notre époque, je n'ai eu aucun mal à le retrouver. Il s'agissait de l'incendie qui ravagea l'ambassade d'Autriche le 1er juillet 1810. Napoléon avait organisé un bal en l'honneur de son union avec l'impératrice Marie-Louise d'Autriche. L'élite et de nombreux corps d'armée étaient rassemblés ce jour-là. Les témoins parlent de la chaleur étouffante et des plafonds qui s'embrasent subitement. Cette nuit fut marquée par l'horreur, des morts et des blessés graves. Comment pouvais-je savoir que ce souvenir concernait ce militaire, et pas quelqu'un d'autre et même pas moi ? Grâce aux informations inhérentes à la conscience. En astral, ces informations nous traversent, il n'y a ni doute ni question. La conscience sait et l'univers transmet ces informations principalement grâce aux annales akashiques.

Pourquoi ce militaire m'a-t-il montré cela ? Aujourd'hui encore, je n'en sais rien, mais ce que je sais, c'est que ces expériences me remplissent de gratitude. Ce partage est un cadeau, voilà tout ce que je sais.

Les mémoires akashiques : puits d'informations indispensable pour se connecter aux mémoires karmiques

Que vous canalisiez vos propres souvenirs ou ceux de quelqu'un d'autre, tous les flux énergétiques liés aux souvenirs font partie du grand puits d'information universel, aussi connu sous le nom de mémoires, annales ou encore archives akashiques. Ce puits est en quelque sorte une mémoire cosmique appartenant aux sphères éthériques qui encode toutes les informations, les actions et tous les événements énergétiques et humains. Certains praticiens peuvent se connecter à cette importante bibliothèque et retranscrire certaines informations universelles. Ce terme de mémoires akashiques se rapproche finalement du grand concept jungien d'inconscient collectif, c'est pour ainsi dire sa terminologie ésotérique.

Jung décrit l'inconscient collectif comme suit : « Une condition ou une base de la psyché en soi, condition omniprésente, immuable, identique à elle-même et en tous lieux. Les instincts et les archétypes constituent l'ensemble de l'inconscient collectif. Je l'appelle collectif parce qu'au contraire de l'inconscient personnel, il n'est pas fait de contenus individuels plus ou moins uniques ne se reproduisant pas, mais de contenus qui sont universels et qui apparaissent régulièrement [15]. »

15. Psychologie de l'inconscient de Carl Jung.

Jung fait même une approche de la réincarnation en soulignant que reconnaître l'existence de l'influence de l'inconscient collectif, c'est reconnaître que « **nous ne sommes pas d'aujourd'hui ou d'hier, nous sommes d'un âge immense** ». Ainsi, les événements du monde se trouvent encodés dans ces mémoires akashiques, ou cet inconscient collectif, vos mémoires, celles des autres, celles du monde depuis qu'il est monde. Canaliser les mémoires de vies antérieures individuelles ou collectives (en voyage astral par exemple) demande donc *de facto* une connexion aux mémoires akashiques. Cette connexion est bien plus forte pour les événements collectifs puisqu'elle ne concerne pas l'histoire d'une seule âme, mais de dizaines, de centaines, voire de milliers d'âmes. C'est ce que l'on nomme égrégore, l'addition de plusieurs énergies qui crée une énergie unique, avec un marqueur qui lui est propre. Lorsque vous canalisez vos propres mémoires, la connexion à ces annales akashiques est moins forte, et néanmoins un passage obligé puisque certaines informations ne vous concernant pas directement vous sont transmises (dates, époques, présence d'autres âmes) pour vous permettre de retracer et de donner de la substance au souvenir. De plus, rappelez-vous que l'énergie est spirale et que toutes les énergies s'influencent entre elles. Les mémoires étant des énergies, elles s'influencent donc entre elles !

Témoignage de l'autrice

Les trois scènes

La présence et l'histoire d'Anne, de Thomas Cromwell et de Thomas More ne m'ont jamais vraiment quittée depuis ces « premières rencontres ». Après l'anecdote des encyclopédies, je me savais liée aux Tudors, mais je ne m'étais encore jamais vue dans mes réactions. Jusqu'à cette nuit-là, où j'allais brièvement avoir l'impression de regarder un film en accéléré que l'on rembobine et que l'on repasse.

Lors de cette sortie astrale, je me suis trouvée totalement spectatrice, et j'ai assisté à trois scènes différentes impliquant mon « ancien moi » et certains de mes compagnons de fortune ou d'infortune, tout dépend du point de vue.

Dans la première, je suis devant une femme que je sais être Anne (information inhérente à la conscience), elle paraît triste et morose, presque au bord des larmes. Une jeune femme (que je sais être moi) pose des épingles sur sa nouvelle coiffe en devenir, elle/je semble tout aussi inquiète qu'Anne, je ne dis rien et demeure silencieuse, à l'écoute de mon amie. Puis, changement de scène, je me tiens dans la chambre de Thomas Cromwell, une chambre sombre, l'atmosphère est lourde, lui aussi est inquiet. Il se lève en pleine nuit, allume une chandelle, se met à son bureau et écrit. Troisième et dernier changement de scène, une jeune femme (je) fait face à cinq

...

...

hommes qui viennent annoncer une terrible nouvelle (je n'en connais pas le contenu). Un homme la retient amicalement par le bras afin qu'elle ne s'évanouisse pas.

Ces trois scènes se répètent tel un film que l'on rembobine et je suis là, toujours spectatrice. Soudain, le retour, le réveil. L'univers vient de me montrer des « extraits » d'une de ma vie passée comme une bande-annonce de cinéma.

Hypnose régressive

C'est l'une des méthodes les plus connues et pratiquées dans la recherche des vies antérieures. La mise en hypnose se fait de manière similaire à l'hypnose dite « classique » ou spirituelle, mais le thérapeute tourne sa séance sur les vies antérieures et guide la personne vers ses souvenirs en respectant un protocole et une préparation stricte. Il ne s'agit pas d'aller régler des problématiques situées dans l'inconscient, mais bel et bien de toucher aux souvenirs de l'âme. Cette pratique, comme n'importe quelle autre, ne doit pas être prise à la légère, et c'est au consultant d'être prêt à recevoir certaines informations troublantes, voire dérangeantes. Le travail du thérapeute permet un accompagnement en douceur et en sécurité.

Cette méthode d'accès aux vies antérieures est, pourrions-nous dire, un accès « direct », le consultant est au plus près de ses souvenirs et peut même avoir l'impression de les vivre « in vivo », que ce soit en matière de sons, d'odeurs, de sentiments ou de sensations. Cependant, cette « réalité » du souvenir peut sembler brutale pour certains, d'où l'importance de bien choisir son thérapeute et de bien comprendre et intégrer le protocole proposé.

Bernard Werber parle très bien de cette pratique dans son roman initiatique *La Boite de Pandore*, dans lequel le protagoniste principal se retrouve transporté à la rencontre des âmes de ses vies passées à la suite d'une séance d'hypnose en public.

Voyage chamanique

Une pratique séculaire se retrouve aux quatre coins du globe : le voyage chamanique. Là encore, il s'agit d'un état de conscience modifié grâce auquel la personne peut accéder à de nombreuses informations énergétiques diverses. Elle peut recevoir les messages de ses ancêtres, de ses guides, de son animal totem, des esprits de la nature ou des lieux, mais elle peut aussi accéder à ses vies antérieures. Le voyage chamanique peut se pratiquer seul ou en groupe, tout dépend de la sensibilité de chacun. La présence d'un chamane est, pour débuter, fortement recommandée. Le chamane rythme le voyage au son du tambour et canalise les différentes énergies qui traversent le consultant ou le groupe de consultants. Il saura également intervenir face aux émotions ou aux réactions diverses et variées qui peuvent avoir lieu pendant ou après le voyage chamanique. Stéphane Allix évoque avec beaucoup de justesse son expérience de voyage chamanique en Amazonie, point de départ vers la quête d'une de ses vies passées.

***

Comme vous le constatez, le panel d'outils est large et varié, le plus important est de choisir l'outil qui nous convient le plus et qui correspond le plus à notre sensibilité. Il n'y a pas à se « forcer » dans une pratique ou dans une autre. Chacun sa technique, chacun son outil, pourvu que vous demeuriez à l'écoute de votre être et de votre âme !

CHOISIR UN THÉRAPEUTE

Quelle que soit la méthode vers laquelle vous souhaitez vous tourner, il est important de choisir son thérapeute en conscience et en confiance. Lors de la prise de contact avec un praticien, n'hésitez pas à lui poser toutes vos questions, que ce soit sur ses méthodes de travail ou sur vos attentes. Chaque professionnel a sa particularité, celui ou celle qui vous correspondra ne correspondra peut être pas à votre voisin. Quoiqu'il arrive, écoutez votre intuition et faites confiance à votre ressenti. Si ce que l'on vous propose ne résonne pas pour vous, n'insistez pas et tournez-vous vers d'autres praticiens. Vous finirez par trouver chaussure à votre pied !

Pour ma part, tout passe par les voyages astraux. Je ne cherche ni à les induire ni à les provoquer, c'est ainsi. L'astral est mon outil chouchou, et c'est grâce à cette méthode initiatique que certaines des figures du passé sont entrées en contact avec moi.

Vous voilà face à la dernière salle. Une salle très personnelle et intimiste puisqu'elle met en exergue les héritages karmiques et leurs influences dans le présent. Vous devez être prêt avant de franchir son seuil, des surprises vous attendent peut-être. Sa poignée est bleu azur comme l'horizon. Ouvrez lorsque vous êtes prêt.

Porte 5

La salle des révélations

L'heure des révélations. Voilà un terme qui semble bien solennel ! Pourtant, elle est une étape qui bouleverse l'être pour celui qui s'aventure sur le chemin des vies antérieures. Qu'on se le dise, bénis sommes-nous lorsqu'une vie antérieure révèle ses souvenirs à notre conscience ! Il s'agit d'un véritable cadeau du ciel que nous vivons tous à notre rythme et sur une mélodie différente. Certaines personnes le reçoivent partiellement, d'autres entièrement, d'autres encore pas du tout, et ce malgré leurs efforts pour y parvenir.

Un ressenti proche du sentiment d'injustice peut alors entrer en scène et nous murmurer : « Pourquoi pas moi ? Pourquoi est-ce que je ne peux pas ? Pourquoi n'ai-je pas accès à ces informations ? » Encore une fois, souvenez-vous que nous ne sommes pas seuls sur le chemin de l'incarnation, notre plan d'apprentissage, notre évolution humaine et spirituelle se font en harmonie avec le monde subtil, l'univers et ses gardiens ont leur mot à dire.

Par le terme « révélation », vous pourriez vous attendre aux instants de « grandes vérités », comme le mystère enfin élucidé d'un grand classique du cinéma hollywoodien. Or ces révélations peuvent prendre bien des formes, et certaines d'entre elles sont les grandes favorites de l'univers. Elles sont douces, subtiles et percutantes. Je vous parle là encore des synchronicités, pièces maîtresses du grand jeu des révélations karmiques.

Les synchronicités, super pouvoir de l'univers

Les synchronicités sont un enchaînement d'événements qui arrivent à point nommé afin de nous apporter une réponse à une situation ou à une question. Elles sont communément appelées « coïncidences » : par exemple, vous hésitez à changer de voie professionnelle lorsque, quelques instants plus tard, le téléphone sonne et une nouvelle proposition tombe du ciel !

Elles peuvent aussi prendre la forme « d'effets miroirs » : vous ne parvenez pas à quitter une relation qui vous fait souffrir et qui vous emprisonne, quelques jours plus tard, plusieurs de vos amis ou connaissances vous annoncent leur divorce.

Par ces biais, l'univers vous montre qu'il vous soutient dans votre choix, et que la direction prise est la bonne, même si, à l'instant T, vous avez l'impression que vous n'êtes pas capable d'accéder au changement. Ces signes, comme certains les nomment, ne sont pas uniquement visibles dans la matière, ils peuvent aussi se manifester dans les rêves, les contacts médiumniques ou encore les sorties astrales. Pour ma part, l'univers a su user de synchronicités pour venir à bout de mes doutes qui prenaient de plus en plus de place face à des souvenirs qui ne cessaient de s'intensifier.

Paradoxal, n'est-ce pas ? Comment pouvons-nous tout remettre en cause alors que les expériences deviennent de plus en plus précises et fortes ? Il s'agit en réalité d'une véritable lutte intérieure. Le mental et le cœur s'entrechoquent. Le cœur sait écouter l'âme, le mental ne sait pas, mais nous ne pouvons lui en vouloir, et c'est là qu'il trouve son intérêt. En effet, qu'adviendrait-il des certitudes que l'ego s'est construit au fil du temps ? Il devrait revoir sa copie et admettre que les certitudes sont des miroirs aux alouettes qui rassurent la tête, mais enferment le cœur. Non, le mental a signé pour semer le doute, le jugement et les peurs. Il est un écran de fumée et compte bien le rester. Même lorsque le voile de l'oubli consenti était posé, l'univers aimait m'envoyer quelques synchronicités de temps à autre, mais les synchronicités sont comme le reste, si on ne regarde pas, on ne les voit pas. Il est inutile de s'infliger des « et si j'avais vu, j'aurais compris plus vite », car cela est faux. Vous n'auriez pas compris plus vite, parce que tant que le voile de l'oubli consenti est posé, c'est que vous n'êtes pas prêt, et si vous ne voyez pas les synchronicités, c'est que vous n'êtes pas assez ouvert pour les voir. En somme : ce n'est pas le moment. Ayez confiance, car l'univers continue de vous accompagner et de vous montrer sa présence, il sait que le temps viendra de vous révéler les secrets de votre âme.

Les synchronicités sont une manière pour l'univers de vous confirmer ou de vous mettre sur la voie de vos vies passées, une manière déguisée, certes plus subtile qu'une source informative directe, mais tellement magique.

Lorsque j'étais adolescente et loin de toutes ces considérations, les gens ne me pensaient pas française, et cela même avant que je ne prononce un mot. Ils s'adressaient à moi comme à une autochtone. Je maîtrisais les us et coutumes britanniques naturellement, et parfois, mes camarades de classe n'y comprenaient rien, voire s'en offusquaient. Alors qu'ils se sentaient en terre étrangère en Angleterre, je me sentais chez moi. Je nourrissais mon âme et mon esprit de l'histoire anglaise du XVIe siècle, avec une affinité toute particulière pour la dynastie des Tudors et les maladies « tendances » du moment (oui, je sais, c'est super bizarre !). Ma jeunesse se passait, comme disent les anciens, et je ne ratais jamais une occasion d'aller en Angleterre, et lorsque je n'y étais pas, je me retrouvais entourée par des anglophones, « par pur hasard » bien sûr ! Tout me semblait plus simple dans la langue de Shakespeare, de l'expression de mes idées en passant par celle de mes émotions, elle faisait partie de moi et cela demeure toujours le cas aujourd'hui. Les synchronicités se sont largement accélérées lorsque j'ai commencé mon travail personnel pour tenter de comprendre et d'apaiser ces maudites crises de spasmophilie. Je me suis ensuite mariée avec un Britannique (*what else?*) avec qui je suis restée quinze ans (*My God*, quand même…) puis j'ai décroché des emplois successifs dans des boites américaines ou britanniques. C'est ce que je nomme « des synchronicités de fond », celles qui posent le décor et la trame d'une vie, mais qui sont en réalité un véritable effet miroir d'une vie antérieure (souvent une des plus marquantes). Puis il y a les « synchronicités de forme », ce sont celles que nous pouvons appeler « hasards », « coïncidences » ou « signes ». La toute première fut celle de mon enfance, celle avec les encyclopédies aux portraits, vous vous souvenez ? La seconde eut lieu en 2010, à Hampton Court, en Angleterre. Je l'évoque dans mon premier ouvrage, *Ouvrir les portes de ses vies antérieures*. J'y décris ma « première » visite de Hampton Court et ma facilité troublante à m'y orienter, mon échange perturbant avec un garde royal sur l'existence d'un escalier des temps jadis et mon sentiment d'y être comme chez moi. Le seul détail que je n'ai pas mentionné est mon échange avec le chauffeur de taxi ainsi que ma tenue ! Cela peut prêter à sourire, mais la première anecdote entre dans ce que je nomme « les synchronicités conscientisées », c'est-à-dire celles dont nous comprenons immédiatement la nature, leur caractère presque divin et inattendu qui nous fait dire que le hasard est trop grand pour pouvoir en être un ! Puis il y a « les synchronicités non conscientisées », autrement dit la personne participe à la synchronicité sans même s'en rendre compte, comme si elle était guidée par une instance qui lui échappe. Elle fait souvent le constat du rôle qu'elle a joué une fois la synchronicité passée ou lorsqu'un tiers lui fait remarquer. Pour ma part, les deux cas de figure se présentèrent à moi juste avant la visite de ce palais qui marqua l'histoire d'Angleterre.

Témoignage de l'autrice

Le rouge et le bleu

J'étais en route pour Hampton Court, j'avais pris un *cab*, un de ces taxis noirs *so british* à la sortie du train. Je regardais la banlieue londonienne défiler par la fenêtre, le sourire d'une enfant à Noël (en même temps, c'était Noël) collé aux lèvres. Quelques instants après avoir pris place dans le taxi et après avoir donné ma destination, le chauffeur, un œil dans le rétroviseur, me demanda :

— C'est la première fois que vous allez à Hampton Court ?

J'hésitais à acquiescer, mes pensées étaient déjà dissonantes avant d'arriver.

— Euh, oui, répondis-je.

— Quelle reine vous préférez ?

J'eus un moment de silence et le défiai :

— À vous de me le dire !

Le chauffeur me fixa dans son rétroviseur, arrivé au feu, et proposa :

— Ha, ha ! Vous, vous êtes équipe Anne Boleyn !

Je le regardai et je crois que mon sourire s'agrandit encore.

J'arrivai à destination, remerciai et réglai mon taxi. Je passai les gardes avec mon ticket en main lorsque l'un d'eux me lança :

...

...

— Une tenue rouge et bleue, vous êtes à la couleur des Tudors !

— Ah, oui, c'est vrai, je n'y avais pas fait attention !

— Bon retour, madame !

— Pardon ?

Le garde déchira mon ticket avec un large sourire sans rebondir sur ma dernière phrase. Un instant, j'ai cru voir dans ses yeux la lueur du passé retrouvé.

L'anecdote du chauffeur entre dans la catégorie des synchronicités conscientisées. Le chauffeur amène peut-être le sujet « sur le tapis » malgré lui, mais sa réponse et l'énergie que je ressens à ce moment-là m'ôtent tout doute pendant quelques instants. La probabilité pour qu'il me parle d'Anne Boleyn en 10 minutes de trajet est assez mince. Et puis, des reines, à Hampton Court, il y en a eu beaucoup, rien que six sur la période de mes souvenirs, il aurait pu choisir n'importe laquelle ! Mais non, il a fallu que ce soit Anne.

L'anecdote du garde et des couleurs de ma tenue entre dans la catégorie des synchronicités non conscientisées. Je n'avais prêté aucune attention au choix des couleurs de ma tenue jusqu'à ce que le garde me les rappelle. Peut-être est-ce d'ailleurs ce choix de couleur qui le frappa et le poussa à me parler de « retour » avec cette énergie toute particulière.

Pour qu'une synchronicité ait lieu, il faut que certaines variables soient réunies :

- **Question de disponibilité :** nous devons être disponibles pour émettre, mais aussi pour recevoir puisque l'univers passe le message par un émetteur (exemple : le chauffeur de taxi) vers un récepteur (moi-même). La disponibilité n'est rendue possible que si rien ne vient nous parasiter à l'instant T (maladie, fatigue extrême, inquiétudes, présence forte du mental, etc.). Alors, l'univers crée. Il traverse le canal intuitif de la nature humaine pour communiquer ou nous renforcer sur notre chemin.
- **Question de tempo :** ce doit être le bon moment. L'univers accélérera et mettra en place les synchronicités si et seulement si vous êtes prêt à les recevoir et à les accueillir.
- **Question d'ouverture :** les synchronicités ne sont pas que l'affaire de l'univers, nous devons nous aussi faire le travail nécessaire et nourrir une énergie engageante et positive pour les laisser entrer dans notre vie. Notez ce passage de la Bible : « Demandez et vous recevrez ; cherchez et vous trouverez, frappez et l'on vous ouvrira la porte. » (Matthieu 7:7-11) Que l'on soit croyant ou non, cet adage répond à l'échange énergétique primordial que l'on crée avec l'univers.

Les synchronicités sont une manière pour l'univers de vous confirmer ou de vous mettre sur la voie de vos vies passées, une manière déguisée, certes plus subtile qu'une source informative directe, mais tellement magique. Elles vous préparent à cheminer vers l'incroyable, à faire disparaître vos doutes, à vous faire partir pour un voyage et un travail personnel intense, à vous faire plonger au cœur de vos mémoires karmiques.

Bien que les synchronicités puissent transmettre une poignée d'informations ou des informations dans les grandes lignes, elles n'ont pas pour but de transmettre de détails. Cependant, des informations parfois très détaillées peuvent être induites par le biais des pratiques que nous avons vues plus haut, je pense notamment à l'hypnose régressive ou au voyage chamanique, mais des outils tiers comme les guidances de vies antérieures ou la médiumnité sont aussi à même de vous transmettre de nombreux détails sur vos vies passées. Elles peuvent être une bonne alternative lorsque vous ne vous sentez pas prêt à y faire face seul ou lorsque vous n'y parvenez pas malgré les tentatives.

La présence renforcée des âmes de vies passées

Toutes les personnes en chemin d'éveil spirituel « savent » que nous n'avançons pas seuls, de nombreuses entités désincarnées nous accompagnent sur le sentier de l'expérience humaine. Qu'il s'agisse d'ancêtres, de nos proches défunts, de figures de vies passées, ou bien encore de nos guides, tout ce beau monde s'attèle à nous envoyer signes, synchronicités et présences pour nous rappeler que nous voyageons en bonne compagnie. Les âmes que vous avez côtoyées lors de vos vies passées veillent également depuis toujours, mais enroulées dans le voile de l'oubli consenti, leur présence vous a peut-être échappé. Lorsque les souvenirs ressurgissent et lorsque l'initiation et la quête commencent, ces énergies d'un autre temps se font de plus en plus sentir. Dans les chapitres précédents, j'évoque la présence d'Anne dès mon plus jeune âge, celle de Thomas More dans des ressentis temporels flous et, plus tard, celle de Thomas Cromwell. Concernant cette dernière, je n'ai pas le souvenir de l'avoir ressentie dans mes toutes jeunes années, mais c'est elle qui, aujourd'hui, est l'âme la plus présente des trois.

Pourquoi ce *timing* est-il si étrange et disparate ?

Je pense que les âmes rencontrées dans nos vies passées sont présentes à nos côtés depuis notre premier souffle, mais que nous les conscientisons à des moments différents selon les événements de la vie et les synchronicités que l'univers nous offre. La présence d'Anne s'est « imposée » à moi dès l'expérience de l'encyclopédie, celle de Thomas More s'est conscientisée à la lecture d'une phrase et celle de Thomas Cromwell lors d'un voyage astral. Des présences conscientisées à des degrés et des moments de vie différents. Pourquoi ? Souvenez-vous qu'il s'agit d'énergies désincarnées et qu'elles tentent de se faire reconnaître à la conscience humaine selon le niveau d'ouverture dont nous faisons preuve à l'instant T en plus de leurs fréquences respectives. J'ai « reconnu » Anne à un âge très jeune, un âge où les souvenirs ne sont souvent pas encore recouverts par le voile de l'oubli consenti.

Thomas More reste flou, mais j'ai conscientisé pleinement sa présence lors de mes recherches, moment où tous les canaux intuitifs sont au vert tellement ils sont imprégnés par la mémoire. Enfin, j'ai reconnu Thomas Cromwell en astral au moment où nous étions tous les deux prêts à nous « retrouver » et à l'aide d'un outil d'accès au subtil que je développais fraîchement.

Ils ne sont pas la seule variable, nous sommes aussi une variable fondamentale à l'équation de la reconnaissance.

Tout ceci est fort intéressant, mais comment savoir de qui il s'agit ?

Tout d'abord, sachez que je vous parle de ces trois âmes, car elles ont marqué la vie dont je me rappelle le plus. Mais j'ai eu bien d'autres vies avant et après cette vie anglaise, et ces autres âmes m'accompagnent elles aussi, même si je ne m'en rends pas compte puisque je ne les ai pas conscientisées (je m'excuse d'ailleurs souvent auprès d'elles pour ce manquement, des excuses associées à l'humain et qui doivent bien les faire sourire, au passage). Quant à les reconnaître, je vous dirais que l'expérience rend la reconnaissance plus simple et plus limpide avec le temps, puisque chaque énergie envoie un « marqueur » énergétique à la conscience, une sorte de signature électronique de l'âme ! Cette signature est propre à chaque âme ou entité, et lorsqu'elle se présente, vous savez l'âme qui est à vos côtés.

Mais ces âmes du passé ne sont-elles pas censées être elles-mêmes réincarnées ?

Vaste question qu'est le *timing* de la réincarnation. Comme évoqué plus haut, nous n'avons pas le planning du retour des âmes sur terre, mais il est vrai que pour des âmes dont la dernière vie remonte un peu dans le temps (quelques siècles, par exemple), il y a fort à parier qu'elles soient réincarnées.

Si elles sont réincarnées, comment peuvent-elles se manifester ?

Ce sont justement ces présences fortes et ce *timing* de réincarnation qui m'ont convaincue à la théorie de la réincarnation multidimensionnelle que j'évoquais dans les différentes théories de la réincarnation. Nous avons souvent cette vision de l'âme en tant qu'entité entière, unique et fermée. Or cette théorie, à laquelle je crois aujourd'hui, est celle de l'âme comme entité fragmentable : certains fragments se réincarnent dans l'humain, dans d'autres règnes ou d'autres dimensions, et d'autres fragments demeurent sur le plan astral. Ce sont ces fragments qui sont présences.

Alors, quand je dis qu'Anne est ici, c'est en réalité le fragment d'une âme qui fut Anne à un moment donné de ses cycles d'incarnation. C'est ainsi que mon âme la reconnaît et que mon humain l'identifie, c'est donc sous cette « identité » qu'elle se montre, et il en va de même pour n'importe quelle entité.

Comment se manifestent-elles ?

Tout d'abord, notons que leur présence se renforce aussi parce que nous sommes plus ouverts et nous leur prêtons plus d'attention. Les signes s'intensifient donc également. Là encore, tout est question de perspective : les signes sont-ils plus nombreux et plus intenses que d'habitude ? Ou la quête dans laquelle nous sommes plongés nous permet-elle une connexion plus directe et plus fluide ? À titre tout à fait personnel, je pense que c'est un fin alliage des deux, la quête nourrit l'énergie d'une vie passée, et les signes et les synchronicités sont le fruit de cette connexion, ce qui permet aux âmes d'être « mieux perçues » et « mieux entendues ». Cette réflexion me rappelle le message d'une entité reçu en astral il y a quelque temps qui me disait : « Pour que vous puissiez nous entendre, vous devez baisser votre son intérieur, ce n'est pas nous qui n'émettons pas assez fort, mais votre esprit qui fait trop de bruit pour nous entendre. »

Ce message faisait suite à une période de frustration durant laquelle j'avais l'impression de moins ressentir et de moins percevoir les âmes du passé et mes guides. J'avais trouvé ce message incroyablement limpide et pertinent, quelques phrases qui avaient suffi à m'apaiser et à me réaligner.

Quels sont les signes par lesquels les âmes du passé expriment leurs message et leur présence ?

Les synchronicités

Nous avons déjà pu développer ce sujet précédemment, les synchronicités sont l'outil de prédilection de l'univers et des âmes pour vous faire entendre un message ou vous conforter dans une direction pour laquelle vous doutiez jusqu'alors. Conscientisées ou non, elles peuvent être intenses, originales, voire incongrues ! Les âmes du passé ne lésinent pas sur les moyens pour communiquer avec nous, pouvant même faire preuve d'un certain humour.

Témoignage de l'autrice

Anne, es-tu là ?

Ce jour-là, j'animais une conférence en Bourgogne avec ma chère collègue autrice et amie Céline Colle sur les signes de l'univers et les vies antérieures. La conférence se déroulait sans encombre jusqu'à ce que nous remarquâmes une femme qui se mit à pleurer au premier rang. J'en déduisis que la climatisation située juste au-dessus d'elle avait quelque chose à voir. Je commençai à parler de mon attachement à l'Angleterre du XVIe, lorsque je vis les larmes s'accentuer dans les yeux de cette dame. Je m'interrompis et dis :

...

...

— Madame, voulez-vous que nous baissions la climatisation ?

— Oh, non, non, ce n'est pas ça, c'est juste que... vous ressemblez à Anne Boleyn, répondit-elle.

Le silence, un ange passa dans la salle. Céline me regarda, interloquée. Je repris :

— Mais comment savez-vous que je ressemble à Anne Boleyn ?

— Je l'ai vue à côté de vous, son visage s'est posé sur le vôtre, elle avait les mêmes yeux que vous, mais le visage plus long.

Je fus prise d'une bouffée de chaleur, les larmes me montèrent, je la remerciai pour ce joli cadeau (et Anne, bien sûr) et poursuivis la conférence. À la fin de la conférence, j'ai pu échanger avec cette femme, je m'assurai d'abord qu'elle n'avait pas lu mon livre, car même si je ne mentionne pas Anne, je parle des Tudors, après tout, un coup de poker est toujours possible. Puis j'appris qu'elle était médium et chamane, elle me transmit des informations supplémentaires qui m'ôtèrent tout scepticisme. Cette femme était une médium de grand talent et ses larmes n'étaient qu'une réaction physique à sa canalisation. Là encore, ma gratitude fut immense, quel cadeau, quel bonheur, merci !

La musique

La musique est un support très apprécié du monde subtil. D'ailleurs, il serait plus juste que je parle de transmetteur plutôt que de support. En effet, la musique facilite au subtil l'accès à une fréquence intermédiaire à la nôtre. Moins énergivore et plus simple d'accès, elle leur demande moins d'efforts et nous arrive, à nous, humains, de manière plus claire qu'un message médiumnique en clairvoyance et/ou en claire audience. Elle leur permet également de signaler leur présence dans des moments où nous avons besoin d'être confortés ou réconfortés.

Témoignage de l'autrice

Scaramella va alla guerra

Cette chanson médiévale italienne n'est que très peu connue en France, mais elle est présentée par l'écrivain et historienne Hilary Mantel dans la série *Wolf Hall* comme étant une chanson souvent entonnée par Thomas Cromwell, souvenir d'un temps où il était engagé dans l'armée italienne après avoir quitté son foyer. Thomas Cromwell parlait parfaitement italien et avait appris toutes les ficelles du roi et des affaires. Alors que j'étais en pleine écriture du manuscrit, j'étais assaillie par le doute et le syndrome de l'imposteur : qui étais-je donc pour mentionner Cromwell dans mon écrit ? De quel droit me permettais-je cela ? Je devrais

...

...

peut-être tout arrêter... et si « ils » n'étaient pas d'accord avec cela ? Ce jour-là, j'attendais mon cadet à la sortie du collège. Assise sur un banc, je me répétais ces questions à l'infini, les mains croisées telle une prière. J'étais perdue dans mes pensées et mes doutes accusateurs, quand soudain, j'entendis un cycliste siffler et arriver à quelques pas. Je reconnus l'air immédiatement, *Scaramella va alla guerra*. Je restai bouchée, le cycliste passa en me regardant, ses yeux souriaient, il avait l'air heureux. Je souris et remerciai l'univers et Cromwell pour ce signe, cette synchronicité qui permit d'apaiser mon doute, comme cette chanson, ce livre le rendrait-il peut-être plus apaisé. Les chances qu'un cycliste passe à côté de moi, dans ma jolie ville normande, en sifflant une musique italienne vieille de 500 ans, étaient plus qu'improbables.

La présence énergétique

C'est le signe de leur présence et de leur accompagnement le plus difficile à appréhender dans la matière puisqu'il nous faut l'identifier énergétiquement. Souvenez-vous qu'il s'agit du fameux marqueur énergétique, cette signature propre à chaque âme, chaque entité, chaque énergie pour se faire reconnaître. Atteindre notre taux vibratoire leur demande un effort véritable, même pour les entités aux « fréquences modérées ». L'intention qu'elles déposent doit requérir notre attention et notre ouverture de cœur et d'esprit pour pouvoir les ressentir et un peu d'entraînement ! Si, si, nous pouvons tous le faire ! Nous sommes tous capables de ressentir et, à terme, d'identifier des marqueurs énergétiques, cela requiert juste un peu de pratique et de confiance en soi. Pour vous exercer, vous pouvez noter vos ressentis physiques et émotionnels lorsque vous vous sentez « observé », que vous « n'êtes pas seul » ou que vous avez « l'impression » que l'atmosphère d'un lieu change subitement. Concentrez-vous d'abord sur votre cœur : « Qu'est-ce que je ressens ? » Puis sur votre corps : « Comment s'exprime-t-il ? Ai-je chaud ? Froid ? Je me sens léger ? Oppressé ? Je sens plutôt une énergie à ma gauche ? À ma droite ? » Enfin, concentrez-vous sur votre esprit : des mots vous viennent-ils spontanément ?

Vous finirez ainsi par rassembler les pièces du marqueur de certaines énergies qui vous entourent.

Témoignage de l'autrice

Thomas More ou l'énergie protectrice

À titre personnel, et si nous parlons uniquement de figures karmiques, c'est la présence de Thomas More qui est la plus intense et en même temps la plus difficile à discerner tant elle « prend de la place ».

Je me souviens de ce 22 juin où je me trouvais tranquillement allongée sur mon canapé en train de bouquiner lorsque je sentis l'énergie de la pièce changer. Une énergie douce, réconfortante, forte et enveloppante

...

…

à la fois commençait à habiter le couloir jusqu'à arriver au salon. Je ne craignais rien, l'énergie était douce, je murmurai « Thomas » et m'endormis pour une longue sieste ! À mon réveil, je me demandais bien pourquoi Thomas More s'était montré si présent lors d'une journée aussi « commune » que celle-ci. Puis la date me vint en tête, « 22 juin », une date que je m'empressai d'entrer sur Google pour comprendre que c'était la Saint-Thomas More.

En réalité, Thomas More n'est jamais très loin, mais évidemment, cette date si particulière générait beaucoup d'énergie collective, ce qui permit, à lui, plus de « facilité » pour se manifester, et à moi, plus de facilité pour le ressentir dans toute son énergie. Cette expérience nous ramène à la loi de l'unité, nous sommes tous impactés par les énergies et les prières des uns et des autres. L'énergie est spirale, et tous les systèmes qui se trouvent à l'intérieur de cette grande spirale s'influencent mutuellement.

Bien évidemment, les énergies et les entités ne se font pas uniquement sentir dans la matière, elles peuvent utiliser le rêve, les voyages chamaniques, la méditation, l'hypnose ou le voyage astral pour se montrer, cela leur est même bien plus simple ! Mais si vous vous laissez aller à l'ouverture du cœur, sachez qu'elles sont là, qu'elles veillent avec amour et sans jugement.

Voilà les quelques truchements de l'univers mis à disposition des âmes pour nous signaler leur présence. Proches disparus, âmes de nos vies passées, ancêtres ou animaux tant chéris, il vous suffit de baisser le son de votre être intérieur pour entendre leurs murmures et leur amour.

La quête

Lorsque les vies antérieures refont surface, et ce, quelle que soit la manière dont elles s'y prennent, les humains que nous sommes ont tout naturellement envie d'en savoir plus.

Mais il nous faut constamment des preuves pour nous rassurer et pour confirmer notre intuition. Ceci peut se comprendre sur un plan humain, ainsi sommes-nous faits. Il nous faut comprendre, il nous faut de la logique. Nous ne supportons pas le doute, car il crée une tension cognitive forte et malaisante. Je vous dirai malheureusement que tout n'est pas écrit dans les livres d'histoire ou sur Wikipédia, les preuves de vies passées à telle ou telle époque ne sont donc pas toujours accessibles.

Que reste-t-il alors au mental pour s'apaiser ? La foi. Il ne reste rien d'autre que la foi en vous et la foi en l'univers pour intégrer et transcender votre ressenti en intime conviction. Ceci est loin d'être un travail aisé, car avoir la foi, c'est abandonner ses schémas mentaux, ses constructions préétablies de ce qui est possible et de ce qui ne l'est pas. C'est garder l'esprit et le cœur ouverts à l'impensable.

La quête est-elle nécessaire ?

Je vous dirai que ceci est propre à chacun. Pour certains, la quête sera plus que nécessaire, elle sera vitale et pourra même s'inscrire dans un parcours d'apaisement de certaines mémoires. Elle permettra à la personne de faire le tour de la question, de plonger au fond du souvenir pour qu'enfin, il prenne moins de place dans le présent et retrouve une place juste sur l'échelle du temps. Pour d'autres, il n'y aura pas de quête « utile », il y aura une quête de « satisfaction », et cela est parfaitement juste ainsi. Le mental, ou parfois même l'ego, aura trouvé quelques informations, douces ou croustillantes, à se mettre sous la dent et se maintiendra ainsi occupé. Enfin, d'autres n'entameront aucune quête, le souvenir entrera dans la case des informations archivées et n'aura aucune conséquence sur le chemin d'être incarné.

Pièges et écueils de la quête

Faire des recherches, chercher des informations ne présente pas de danger en soi. Cependant, notre positionnement face à ces recherches peut s'avérer énergivore et chronophage à l'excès. Voici les deux écueils qu'il est bon d'éviter pour maintenir l'équilibre entre la matière et le spirituel, afin de ne pas tomber dans les pièges et les écueils de la quête.

L'idée fixe

Quand la quête devient une idée fixe, une idée dont on ne peut se défaire et qui peut frôler l'obsession, c'est que le mental cristallise sur un but : TROUVER. Trouver notre identité, ce que nous avons fait, de quoi nous sommes morts ou quand nous sommes morts. L'idée fixe prend d'autant plus de place lorsque nous savons qu'il s'agit d'une vie relatée par l'histoire collective (mémoire de proches de personnes illustres, soldats, déportation, catastrophe en tout genre...). Des archives sont bien souvent disponibles, encore plus aujourd'hui, avec la technologie à nos côtés. Alors, quand la tête sait que l'information est nichée quelque part, elle peut tout mettre en œuvre pour la retrouver. Vous ne pensez plus alors qu'à ça. Vous notez le moindre détail, la moindre synchronicité. Vous consultez médiums et voyants pour obtenir une réponse. Gardez toujours à l'esprit que, bien sûr, il se peut que vous obteniez vos réponses dans la matière, mais elle est en réalité déjà inscrite en vous, votre mental vous bouche tout simplement la vue. Connectez-vous à votre cœur et laissez tomber les barrières. Et bien sûr, si d'aventure les réponses venaient à être renforcées dans la matière, alors c'est « tout bénef » ! L'idée fixe a moins de chances de trouver une place pour les mémoires de vies sans marqueurs collectifs particuliers et pour lesquelles la documentation nous manque, par exemple si vous étiez un commerçant au xe siècle dans un petit village italien ou issu de civilisations dites disparues : vous savez d'ores et déjà qu'aucun livre ne résoudra VOTRE puzzle.

La dépendance

La dépendance est un autre écueil, pas moins chronophage et énergivore !

Elle est particulièrement à « craindre » lorsque la personne est très connectée à sa vie passée et aux âmes qui la peuplent. Elle peut alors avoir besoin de cette connexion de plus en plus régulièrement pour se rassurer, pour fuir sa vie présente ou par simple nostalgie, un peu comme quand vous n'avez pas le moral et que la tablette de chocolat vous fait de l'œil ! La dépendance devient gênante lorsqu'elle impacte fortement la vie de la personne incarnée, qui peut se couper, à terme, de sa vie présente au profit de ses souvenirs karmiques.

Ce ne sont pas les exemples qui manquent sur ce point, nous avons tous vu ou lu les cas de ces personnes qui embrassent une de leur vie antérieure, par exemple un chevalier d'une vie passée tellement marqué par cette vie qu'il achète un château, vit et s'exprime selon les anciens codes autant qu'il le peut en 2023. Cet homme (ou cette femme, d'ailleurs) demeure dans l'énergie de sa vie passée, il en est nostalgique, et en reproduire certains schémas le rassure.

Mais de quoi est-il rassuré, au juste ? Qui est réellement rassuré dans cette histoire ? L'âme n'a pas besoin d'être rassurée, puisqu'elle vient vivre une expérience sur terre sur laquelle elle ne porte ni jugements ni sentiments. Il se trouve que parfois, elle distille un souvenir à la conscience, sorte d'information quantique captée par l'humain, mais voilà tout. En réalité, c'est bel et bien l'humain qui doit être rassuré à ce moment-là. Le « souci » n'est donc pas la vie antérieure, mais notre manière d'investir ces souvenirs et les affects que nous y projetons. N'est-il pas réconfortant de pouvoir s'échapper dans un autre monde lorsque la vie sur terre peut quelquefois sembler brutale et difficile ? N'est-ce pas rassurant de se la remémorer comme une preuve intérieure irréfutable sur la vie après la mort ? Quand les émotions et les sentiments face à ces vies passées sont trop forts ou prennent trop de place dans le présent, il y a écueil. Nous ne sommes pas faits pour vivre dans le passé, et encore moins dans le passé de l'âme. Nous sommes ici-bas pour expérimenter notre vie incarnée dans la matière, dans le présent, avec ses bonheurs et ses contraintes, nous avons besoin d'être là !

En somme, nous pouvons dire que les pièges et les écueils des vies antérieures relèvent tout simplement de l'attachement humain que nous portons à ces vies.

Entendons-nous bien, je ne dis pas qu'être attaché à une vie antérieure est mal ou néfaste. Je dis seulement que tout est une question de proportion et de dosage. Si je me permets de vous en parler aujourd'hui, c'est que je l'ai vécu, dans une certaine mesure, et si je n'avais pas été guidée sur mon chemin, je ne serais pas en train de vous écrire ces lignes sur ces potentiels « pièges » des vies antérieures. Je serais plutôt quelque part en Angleterre, nourrie par ma passion, avec un emploi à la tour de Londres ou Hampton Court.

Mais qu'y a-t-il de mal à cela, me direz-vous ? En soi, il n'y a rien de mal à cela. Cependant, l'énergie des vies antérieures m'aurait sûrement happée jusqu'à ne plus être connectée au présent. Et comment vivre notre expérience terrestre si nous ne sommes pas connectés à notre présent, si nous sommes dépendants d'un souvenir ? L'expérience serait partielle et non aboutie. Comme dans toutes les sphères de la vie, l'important se trouve dans l'équilibre.

Alors, comment éviter ces pièges et ces tentations qui peuvent déjà être présents naturellement pour certaines personnes et qui peuvent le devenir encore plus lors de la quête ?

Je vous dirais qu'il faut apprendre à cohabiter avec son souvenir, un souvenir qui revient avec d'autant plus de force au moment de la quête puisque les « recherches » ou les investigations en tout genre le nourrissent. Cohabiter avec le souvenir d'une vie antérieure forte, c'est sans cesse rappeler à notre conscience que ce souvenir est un souvenir d'âme, et qu'en tant que tel, il ne peut s'intégrer de manière permanente à notre présent : plus facile à dire qu'à faire !

LE SAVIEZ-VOUS ?

Mujo (Moo-jo) est un terme japonais qui décrit le changement constant et l'impermanence du temps, un rappel pour pousser à l'instant présent et au détachement des liens du passé.

Astuces pour une colocation sans encombre

Accueillez les moments de « dépendance »

Sachez dire : « Oui, j'ai besoin de m'y connecter, là, tout de suite maintenant, mais je sais que cela ne doit pas durer dans le temps. » Le mental est fort et coriace, lutter de manière constante face aux souvenirs risque de vous épuiser. Accueillez, observez, menez votre quête avec équilibre, proportion et pertinence.

Transcendez l'attachement

Dites-vous que si ce souvenir est là, c'est aussi pour vous faire avancer sur un ou plusieurs points de votre vie présente. La résonance doit être forte pour qu'il ressurgisse, mais soyez conscient que c'est votre attachement en déséquilibre qui crée le débordement énergétique et/ou émotionnel. Transcendez-le en déblayant le chemin, prenez du recul sur l'affect et l'attachement que vous lui portez pour pouvoir mieux l'observer.

Faites-vous accompagner

Il n'y a ni honte ni gêne à avoir par rapport à cela. Nous pouvons nous trouver débordés par l'énergie d'une vie antérieure comme celle de notre quotidien. Adressez-vous à quelqu'un qui saura vous « remettre sur les rails », et parfois, croyez-moi, quelques mots suffisent !

Heureux qui comme Ulysse… la fin de la quête : vraiment ?

Pour mener à bien votre quête du souvenir, vous avez peut-être utilisé différentes méthodes d'accès aux souvenirs. Il se peut que vous les ayez multipliées pour recoller les morceaux de puzzle, menant des recherches lorsque cela était possible. Enfin, cerise sur le gâteau, vous avez eu la confirmation de vos ressentis sur des événements, une époque ou même votre identité. Selon vous, l'affaire est enfin close ! L'enquête est finie ! Vraiment ?

Témoignage de l'autrice

Rencontre avec Elizabeth Seymour

Heureuse, je l'étais, je cumulais les pièces de ma vie passée du XVIe siècle notamment grâce aux sorties astrales et aux flashs, j'avais même l'immense bonheur de me sentir guidée et accompagnée par une « équipe » bien de l'époque ! Seulement, cette nuit-là, j'allais comprendre pourquoi j'éprouvais tant de nostalgie envers cette vie, j'allais faire face à une femme qui, sa vie durant, connut la perte cruelle et violente de ceux qu'elle aimait.

Encore une nuit en astral (je vous avais bien dit que c'était mon outil chouchou) ! Je suis spectatrice de la scène, je suis plongée dans le noir total, seul « l'important » est mis en lumière. Un cadran sur ma droite, type cadran solaire qui indique plusieurs dates.

Je m'y dirige, première date apparente : 4 juillet 1540. Je me retourne, une femme, que je sais instinctivement être mon « moi » d'une vie passée, se jette en larmes aux pieds d'un homme à l'air abattu. Je n'entends rien, mais je la vois supplier et je « sais » qui est cet homme et ce que la femme lui demande.

Elle implore son frère, Thomas Seymour, d'aller voir une personne en prison pour lui dire au revoir. L'homme hésite, je le sens, je le sais. Il hésite, car cela est formellement interdit et pourrait être terriblement

...

…
répréhensible si découvert. La femme, sa sœur, continue de pleurer.
Je me retourne vers le cadran, il indique : 13 juillet 1540
La femme (mon ancien moi) se trouve avec un homme bien plus grand qu'elle. Elle pleure, il la console, l'étreint dans un dernier adieu. Cet homme, c'est Thomas Cromwell.
Je me retourne vers le cadran une dernière fois, il indique : 28 juillet 1540.
La pièce est vide, je sais que ce jour-là, Thomas Cromwell est exécuté.
Le réveil fut percutant, pour ne pas dire brutal : je me suis levée à la hâte, j'avais la tête qui tournait et les jambes qui tremblaient. Il me fallait un papier, un stylo pour tout écrire, ne rien perdre de ce voyage, de ce cadeau.

Je me pose, récupère et, bien sûr, me questionne : qui est cette femme ? La sœur de Thomas Seymour. Évidemment, il me faut peu de temps pour le découvrir, car il n'avait que deux sœurs, Jane et Elizabeth. Jane fut la troisième reine « éphémère » d'Angleterre, cela ne pouvait donc pas être elle. Mais, si cette femme était Elizabeth et que mon âme a expérimenté cette vie, quel rapport avec Anne, More et Cromwell ?

Je menai quelques recherches sur le sujet et toutes les pièces s'emboitèrent. Elizabeth Seymour était la sœur de la reine Jane Seymour, de Thomas et d'Edward Seymour. Elle fut dame de compagnie et proche d'Anne Boleyn, et devint plus tard Lady Cromwell en épousant le fils de Thomas Cromwell, Gregory. Plusieurs lettres subsistent, à travers lesquelles transparaissent le profond attachement et le soutien moral qui existaient entre le beau-père et sa belle-fille. Quant à Thomas More, il était, comme les Seymour, très catholique, il est donc plus que probable qu'il fit partie des « amis » de sa famille. Il était très attaché à l'éducation des femmes et connaissait parfaitement le grec et le latin, qu'il a enseigné à ses enfants, notamment, donc il n'est pas surprenant que la jeune Elizabeth ait pu avoir accès à ce « professeur ».

Je restai là, bouche bée, informations et ressentis concomitants, des noms, un nom, un événement mémorable qui a durablement marqué mon cœur d'antan et mon âme éternelle. Puis-je vous prouver que j'étais, il fut un temps, dans la vie et la peau d'Elizabeth Seymour ? Non… je ne le peux pas. Et puis, cela serait-il bien nécessaire ? Je n'ai que votre bienveillance sur laquelle compter et vous n'avez que mon désir sincère de partager mon vécu, mon histoire et mon intime conviction. Faisons avec. Cette expérience ne fut, ma foi, pas la dernière, j'aurais de nombreuses anecdotes à vous livrer, mais celle-ci fut la plus marquante et la plus claire de toutes.

Naturellement, on se dit qu'après cette incroyable livraison d'informations, la quête est finie ! C'est ce que nous pensons en effet durant quelques jours. Puis on se rend compte que l'humain cherchera toujours plus, car ce ne sera jamais assez : plus de détails, plus de noms, plus d'actions pour nourrir le mental et l'humain, insatiables. La quête peut être belle, passionnante, mais aussi violente et foudroyante. Quoi qu'il en soit, retenez qu'elle ne finit jamais vraiment, une partie de votre être qui ne voudra pas abandonner, par peur de voir ses souvenirs relégués au néant.

Cela me rappelle le film *The Lost King*, dans lequel l'actrice principale se met en quête de rétablir la réputation ternie de Richard III. Régulièrement, au cours du film, elle interagit avec l'entité. Lorsque sa quête se s'achève par un brillant succès, elle « revoit » Richard III qui la remercie, elle lui confie qu'elle a très peur que tout ceci se termine, car elle ne veut pas qu'il parte.

Cette scène peut paraître insignifiante et, pourtant, elle est lourde de sens pour les mémoires karmiques, car c'est cette « peur » qui, comme nous l'avons vu plus haut, peut mener à la dépendance si elle n'est pas « maîtrisée ».

Les liens d'âmes, héritage de nos vies passées

Comme nous avons pu en parler au début de cet ouvrage, l'âme se réincarne souvent avec d'autres âmes qu'elle a déjà pu côtoyer dans des vies passées, c'est ce que nous appelons les « familles d'âmes ».

Reconnaissance d'âmes

Les personnes en chemin vers un éveil spirituel, à l'écoute de leur intuition et de leurs ressentis, sont assez familières de la « reconnaissance d'âmes ». Il s'agit de ces instants, ces moments longs ou fugaces durant lesquels vous croisez le regard d'une personne et « vous savez », vous la connaissez déjà. Vous ne sauriez pas dire depuis quand puisque vous êtes certain de ne jamais avoir croisé cette personne auparavant, tout du moins dans cette vie. En réalité, vous ne reconnaissez pas la personne puisque vous ne l'avez jamais vue, mais votre âme reconnaît son énergie et vous le fait savoir de bien des manières : par l'émotion, le sentiment positif ou négatif, parfois même des flashs de vies passées. Notez que le sentiment de reconnaissance n'est pas toujours très agréable, car il peut être marqué par l'énergie d'une vie en commun « négative » forte avec cette personne. Sans vous en rendre compte, ni même le manifester, vous pourriez vous sentir mal à l'aise face à elle si une vie (surtout la dernière) a été vécue très négativement par une ou les deux parties. *A contrario*, une vie a pu être marquée par un amour intense avec cette âme, auquel cas vous pourrez ressentir un sentiment de confiance et de félicité à son contact. Cette reconnaissance n'est pas toujours conscientisée, la personne ne se dira pas forcément « Tiens, je le reconnais, on s'est rencontré dans une vie passée », mais le message peut passer de manière plus subtile, plus intuitive en déclenchant des émotions ou encore des symptômes physiques. Cela peut se produire lors d'une soirée, au contact prolongé d'une personne, mais aussi dans la rue, juste en croisant un regard.

Cette reconnaissance laisse souvent une tonalité particulière à la personne qui les vit, mais elle n'est pas toujours réciproque. Ce n'est pas parce que vous reconnaissez une vie passée au travers de l'énergie de l'autre qu'il en sera de même pour lui. Tout dépend de son degré d'ouverture et d'éveil de la conscience. Ne soyez donc pas déçu ou ne commencez pas à douter de vous-même si cela arrive, nous sommes tous différents, et nos chemins suivent chacun leur tempo.

Âmes sœurs et flammes jumelles

Venons-en aux terminologies que nous croisons souvent sur la Toile ou dans les livres : les âmes sœurs et les flammes jumelles.

Ces deux termes désignent deux types de liens d'âmes, et nous pouvons déjà déclarer sans trop de doute que classer les liens d'âmes en deux catégories est un besoin très humain pour un sujet énergétique. Conclusion : nous nous trompons sûrement, il y a certainement plus que deux types de liens d'âme, avec des tenants et des aboutissants bien plus complexes que notre petit « tableau à double entrée », mais nous sommes humains et nous essayons de comprendre et d'analyser ce que nous pouvons et, surtout, comme nous le pouvons.

Aussi, attardons-nous sur ces deux termes qui nous permettent une approche du lien d'âmes.

Les âmes sœurs

Ce sont deux âmes qui s'accordent sur le plan humain et énergétique. Il s'agit souvent du partenaire de vie idéal. Elles ont les mêmes centres d'intérêt, le même humour, la même façon de voir la vie et des projets en commun. Bien sûr, il peut y avoir des conflits, mais ces conflits portent en général sur de légères différences du quotidien, rien qui ne mette vraiment à mal la relation. Il est important de noter que deux âmes sœurs ne sont pas forcément amants, il peut s'agir d'un ami, du même sexe ou non, ou encore d'un membre de la famille. Les âmes sœurs font partie de la même famille d'âmes, elles ont eu une ou plusieurs vies en commun et se retrouvent dans une vie, ou plusieurs, mais pas nécessairement dans toutes ! Il y a bien sûr un marqueur énergétique fort dans la relation d'âmes sœurs puisqu'il s'agit bien de deux âmes qui se reconnaissent par leur énergie, leur fréquence et, peut-être, leurs vies antérieures communes. Pour autant, la dimension énergétique n'est pas la base de leur relation, au contraire du travail de flammes jumelles. Il est communément admis que nous avons plusieurs âmes sœurs, mais que nous n'avons qu'une seule flamme jumelle.

Les flammes jumelles

Les flammes jumelles sont particulièrement « tendance » aujourd'hui, tout le monde semble courir après sa flamme jumelle, vue comme un amour extraordinaire, d'une intensité hors du commun, l'amour parfait sous toutes ses coutures, sa moitié, son alter ego, mesdames. Le prince charmant !

En vérité, il n'en est rien ! Enfin, pas comme ça ! La croyance populaire veut que deux flammes jumelles soient le résultat d'une âme scindée en deux êtres qui se retrouvent après plusieurs vies pour cheminer et contribuer à l'éveil des consciences : c'est une relation initiatique. Il est vrai que sur un plan énergétique, cette relation est majestueuse, c'est la communion de deux énergies, l'association parfaite de deux âmes, ce qui crée des échanges énergétiques, sexuels (lorsqu'il s'agit d'une relation amoureuse, et ce n'est pas toujours le cas) et physiques hors du commun, laissant souvent les deux partenaires décontenancés par la situation. Cependant, en tant que relation énergétique et initiatique, elle demande un parcours, un chemin semé d'embûches dans lequel l'humain tient un rôle prépondérant. En effet, les flammes jumelles travaillent en miroir sur tous les plans, « tu me renvoies mes blessures, je te renvoie les tiennes », « Je te renvoie tes failles, tu me renvoies les miennes », autant vous dire que le travail est herculéen tant les deux parties se trouvent régulièrement mises à mal. Comme vous pouvez le constater, il y a un véritable antagonisme entre ce que les flammes jumelles vivent sur un plan énergétique et physique et ce qu'elles vivent sur un plan humain. Un tiraillement permanent qui opère par cycles et qui, si le travail se fait, peut se transformer en une très belle relation d'âme à âme parfaitement équilibrée. Il est bon de rappeler qu'une relation de flammes jumelles n'est pas forcément d'ordre amoureux (je sais, ça casse le mythe), elle peut avoir lieu entre deux personnes d'une même famille, de même sexe (peu importe l'orientation sexuelle) ou encore avec un écart d'âge significatif. La relation sexuelle et amoureuse n'est donc pas une obligation. Cependant, comme elle demeure possible et comme elle est la plus répandue dans les inconscients collectifs, c'est de cette base que nous partirons pour décrire les phases d'une relation de flammes jumelles.

La phase de reconnaissance

Les flammes jumelles se reconnaîtront, mais pas dans le sens « traditionnel », car cette reconnaissance n'est pas immédiate. Nous sommes loin du fameux coup de foudre, et elle peut prendre des semaines, des mois, voire des années pour se produire entre des personnes qui se voient parfois tous les jours ! La reconnaissance se fait au niveau de l'âme et du cœur. Elle se fait souvent ressentir sous la forme d'un uppercut énergétique, les regards se figent, les jumeaux réalisent qu'ils se connaissent au-delà de la chair depuis toujours, ils ressentent une connexion énergétique et une attraction sexuelle intense et irrépressible (je vous rappelle que nous nous intéressons au cas des flammes jumelles « amoureuses »). Des souvenirs ou des sentiments communs de vies antérieures peuvent émerger.

La phase de conjugaison

Les jumeaux sont bouleversés par la puissance de la relation. L'échange est magique, les jumeaux partagent une complicité et une connexion indescriptible. L'un ressentant les émotions de l'autre, ils peuvent communiquer sans se parler, rien qu'en se connectant énergétiquement l'un à l'autre, et le manque de l'autre se vit telle une douleur, jusque dans la chair. Lors de la relation sexuelle, on observe une activation de la Kundalini [16] (activation des 7 chakras). Leur sexualité est passionnée, fusionnelle et énergétique. On peut parler d'orgasme énergétique, et la sexualité tantrique se veut plus accessible. Cependant, ce bouleversement fera ressurgir les blessures, les peurs et l'ego de chacun. Vient alors l'étape douloureuse de la crise.

La phase de crise

La crise des flammes jumelles naît de la prise de conscience du choix : soit rejeter les croyances et les schémas conditionnés et opérer le travail nécessaire, soit faire le deuil de la relation avec le jumeau. Les tensions sont fortes. Le mental et les remises en question dominent.

La phase de séparation

Les jumeaux se séparent, les tensions étant devenues trop fortes. Cette séparation entraîne le phénomène connu sous le nom de « nuit noire de l'âme ». La séparation est insupportable et atteint les quatre sphères respectives des jumeaux citées précédemment : corporelle, intellectuelle, émotionnelle et spirituelle. Certains connaissent des phases de dépression et de pensées négatives importantes. C'est à l'issue de ces difficultés que pourra s'enclencher une phase de compensation en soi, entreprise par le travail personnel.

16. Terme sanskrit qui désigne une puissante énergie spirituelle circulant le long de la colonne vertébrale.

La phase de réunion et de fusion

À ce stade, les jumeaux ont travaillé sur leurs blessures respectives, ils ont exploré leur yin et leur yang, autrement dit leur polarité féminine et leur polarité masculine ainsi que tout ce qui leur est associé. Ils sont prêts à se retrouver. Il est essentiel de noter que peu de flammes finissent par se réunir, pour la simple et bonne raison que cette union nécessite un important travail de la part de chacun des jumeaux et que de nombreuses années peuvent s'écouler avant d'atteindre cette étape. Le travail peut aussi ne pas s'opérer du tout, que ce soit pour un jumeau ou pour les deux. Quoi qu'il en soit, le but ultime de cette relation si intense et si particulière est le travail sur soi, l'amour et la guérison de soi ainsi que l'éveil spirituel, et lorsque la fusion se réalise, c'est une véritable communion des âmes (et des corps en cas de relation amoureuse) qui s'opère. Les flammes, ensemble au milieu d'un groupe, rayonnent, éblouissent et inondent l'assemblée par la puissance de leur fréquence. Cependant, comme dans tous les liens d'âmes, la dimension humaine vient s'imbriquer. L'ego, les émotions, les peurs sont parfois des obstacles à l'accueil des énergies de l'âme, et la phase de l'union ultime ne peut alors advenir. Ainsi sommes-nous faits, et comme me l'a souvent rappelé un cher ami, « le comprendre, c'est pouvoir l'accueillir, et l'accueillir, c'est pouvoir le travailler ».

Chaque lien de flammes jumelles demeure unique. Les phases s'opèrent en fonction des rythmes de chacun et peuvent se vivre sur une vie ou sur plusieurs. Il faut de la compréhension, de la foi et de la confiance pour développer cette relation si intense et si extraordinaire et la transposer dans la vie « matière ». Mais, quoi qu'il arrive, ces liens ne meurent jamais. Même si deux âmes unies se désunissent dans l'humain, l'énergie et les souvenirs de vies passées qui les relient demeurent. Rappelez-vous, l'énergie est indestructible (Einstein).

Les âmes sœurs et les flammes jumelles se suivent-elles forcément de vie en vie ?

Que les âmes puissent se retrouver dans d'autres vies ne fait pas de doute. Toutefois, penser que les retrouvailles sont systématiques et chronologiques est peu probable, car cela voudrait dire que les flammes jumelles, par exemple, devraient mourir environ au même âge, ce qui semble à tous points de vue improbable. Cela limiterait grandement les chemins d'incarnation individuels (même si nous comptons une ou deux décennies d'écart). Je ne dis pas que cela n'arrive jamais, il suffit de voir ces couples qui meurent à quelques heures, à quelques mois d'intervalle, parfois sur une date anniversaire particulière, pour comprendre que cela est possible sans pour autant en faire des postulats et des automatismes. Oui, cela arrive ! Non, cela n'est pas automatique, des âmes d'une même famille d'âmes, qu'elles soient âmes sœurs ou flammes jumelles, peuvent passer plusieurs vies sans se recroiser, ou se réincarner l'une sans l'autre. Cette vision ne nous est pas très agréable, n'est-ce pas ? Mais pourquoi donc ? Que cela réveille-t-il en nous ? Cela réveille une peur très humaine, celle de perdre l'autre, de perdre le lien humain et énergétique. Il n'y a rien de plus beau que de réaliser le lien karmique entre deux personnes, ce fil invisible qui les unit et qui les rend forts face au monde et à ses tumultes. Ce lien, nous voulons le garder à tout prix, qu'il ne s'éteigne jamais. En réalité, nous nous efforçons pour rien, car rien ni personne ne peut détruire un lien karmique, il appartient aux âmes et non à l'humain. Bien sûr, nous pouvons rompre le lien humain, ne plus jamais voir la personne, ne plus jamais lui parler pour des raisons « de vie », mais le lien énergétique et karmique demeure par-delà la perte et la mort. C'est pour cela que les personnes qui se retrouvent dans ce genre de situation « n'oublient » jamais vraiment l'autre, on ne peut oublier le parfum d'une âme qui a marqué une ou plusieurs de nos vies passées et qui est une parcelle de la nôtre.

LE SAVIEZ-VOUS ?

Selon les écrits du *Symposium* de Platon, au début des temps, nous avions deux visages, quatre bras et quatre jambes. Les dieux nous ont punis en nous divisant en deux et en nous dispersant sur la Terre. Depuis lors, nous parcourons le monde à la recherche désespérée de notre seconde moitié qui nous rendra à nouveau entiers.

Faire de ses vies antérieures des alliées du présent

Tout ceci est bien joli, me direz-vous, mais que faire de ses souvenirs de vies passées, et quel est l'intérêt de s'y connecter ? Avant de développer ce paragraphe, je tiens à rappeler que dans notre vie incarnée, nous disposons du libre arbitre, chaque individu a le choix de son intention, de ses paroles, de ses actions et du chemin qu'il souhaite emprunter. Il en va de même pour la case « vie antérieure ». Vous n'êtes obligé à rien, ce n'est pas parce que vous ne voulez pas vous pencher sur vos vies antérieures que votre chemin humain et spirituel manquera de substance ou d'intérêt. Cela n'est pas non plus un frein à votre vie d'être incarné. Vous avez le choix et vous en êtes le seul maître. Cependant, si vous faites le choix du chemin initiatique que sont les vies antérieures, vous verrez que, bien utilisées, elles s'avèrent être de formidables alliées et miroirs de votre vie présente.

Éclairer les zones d'ombre et donner une direction au travail personnel

Comme j'aime le rappeler, les vies antérieures sont un chemin initiatique pour une meilleure connaissance de soi ainsi qu'une meilleure compréhension du monde subtil. Pour mieux se connaître, il faut comprendre les origines de nos difficultés et de nos blocages, mais aussi nous rendre compte de notre potentiel dormant ou trop exploité. Parfois, les mémoires karmiques viennent renforcer nos potentialités ou nos blocages, non pas parce qu'elles en sont une cause directe et immédiate, mais parce que, sous l'effet de leurs répétitions dans des vies passées, l'âme en garde une trace énergétique forte positive ou négative, et qu'elles tendent à retrouver une place dans la vie présente. S'il s'agit d'une potentialité, cela ne pose pas de problème, la personne se trouve souvent douée d'un « talent », d'un « don » ou de « prédispositions naturelles » pour certains sujets ou certaines pratiques, les connaissances acquises et en général répétées sur d'autres vies demeurant dans la mallette de l'âme un temps jusqu'à ce que la personne les ravive. Par exemple, vous vous baladez et croisez une plante, en vous en approchant, vous « devinez » ses propriétés sans même connaître son nom. Il est alors tout à fait possible que d'anciennes mémoires permettent ou renforcent cette intuition soudaine. Autre exemple, un enfant pose ses mains sur un piano et, sans n'avoir jamais appris ni solfège ni rythmique, se met à jouer les accords et les notes parfaites qu'il vient d'entendre. Là encore, les connaissances acquises de l'âme se réveillent et se révèlent.

Les choses se compliquent lorsque des mémoires viennent renforcer des blocages dont l'humain a déjà bien du mal à se défaire dans son présent. Dans de rares cas, ces traumatismes d'un autre temps peuvent être réveillés et créer le blocage (mais j'insiste sur la rareté de ce phénomène !). Les mémoires karmiques concernées peuvent alors s'avérer être le « le couteau que l'on remue dans la plaie ». Voici quelques exemples de blocages ou de difficultés qui peuvent faire écho à des problématiques déjà rencontrées dans d'autres vies. Bien sûr, cette liste n'est pas exhaustive, disons simplement qu'il s'agit des plus « communes ».

La loyauté

Vaste sujet ! La loyauté consiste en une fidélité à tenir ses engagements, ce qui est une qualité louable et honorable lorsqu'elle est juste, autrement dit lorsqu'elle est raisonnable et proportionnée. Or, pour les mémoires karmiques, elle ne peut pas être qualifiée de juste. Nous ne pouvons rester fidèles aux codes, aux valeurs ou aux âmes côtoyés dans nos vies passées sans que cela vienne freiner notre vie présente. C'est là l'un des blocages que j'ai pu expérimenter avec Anne, Thomas More et Thomas Cromwell. Liée par une loyauté et une amitié datée, j'avais, encore parfois aujourd'hui, du mal à entendre et à tolérer les critiques ou les jugements hâtifs à leur encontre. Cette loyauté, que nous pouvons qualifier de « fausse loyauté » puisqu'elle n'a plus lieu d'être, peut générer des réactions et des émotions disproportionnées, et biaiser notre positionnement et le travail karmique à effectuer face à ces souvenirs de vies passées.

La promesse, le vœu ou le serment

Ces problématiques sont d'ordinaire rencontrées dans les vies répétées d'incarnations chevaleresques ou monastiques (mais bien sûr, pas uniquement !). Je parle souvent des mémoires templières pour les illustrer. Les templiers étaient voués à la promesse, aux vœux et aux serments en tout genre : religieux, moraux, humains et spirituels, leurs vies étaient une succession de codes auxquels ne pas déroger. Les templiers, et l'époque chevaleresque en règle générale, s'étendent sur une longue période, aussi la répétition de ce type de vies pour une même âme peut laisser une trace énergétique importante et freiner l'incarnation présente. Prenons l'exemple templier du vœu de pauvreté, ce vœu qui a pu être répété ou entretenu par un égrégore énergétique fort peut renforcer la difficulté d'une personne à accéder à l'abondance et à se l'autoriser. Les codes moraux de la chevalerie peuvent, quant à eux, renforcer la difficulté qu'une personne a déjà de construire des relations pérennes, ces codes n'étant plus en adéquation avec notre époque.

La promesse, le serment ou les vœux peuvent devenir des freins supplémentaires de bien des manières.

Les amours karmiques

Ce sont ces liens d'âmes dont nous avons parlé précédemment. L'amour que les âmes se portent est une énergie intense et indéfectible lorsqu'il se concrétise dans la matière. Cependant, l'humain peut consciemment ou inconsciemment impacter de manière positive ou négative cet amour et donner lieu à des modifications sur le plan énergétique.

Par exemple : si deux personnes vivent un amour karmique et qu'elles décident de se faire la promesse de se retrouver dans la vie suivante, cette promesse peut avoir un impact et renforcer les difficultés relationnelles de la nouvelle incarnation. Les deux personnes peuvent se trouver restreintes dans leur nouvelle vie dans le choix du partenaire ou bien encore collectionner les relations qui ne « marchent pas ». Dans un style plus tragico-romantique, le départ prématuré d'une des deux âmes et la douleur qu'il implique peuvent pousser la personne à faire vœu de célibat jusqu'à ce qu'elle retrouve sa moitié dans une autre vie. Il se peut alors que cela renforce les problèmes relationnels déjà présents dans la nouvelle vie de l'âme et complique ses constructions amoureuses.

Les éléments

Le feu et l'eau sont les deux éléments liés à des vies passées qui peuvent jouer un effet miroir bloquant dans la vie présente, notamment si l'âme a connu plusieurs vies qui se sont soldées par une mort par le feu ou par noyade. La personne peut se trouver mal à l'aise face à l'élément depuis le plus jeune âge sans en comprendre l'origine, pouvant parfois aller jusqu'à la phobie.

L'enfermement ou l'emprisonnement

Ce sont là des blocages classiques à la suite d'une ou plusieurs vies marquantes au cours desquelles l'âme a dû faire face à ces épreuves. L'emprisonnement ou l'enfermement peuvent revêtir plusieurs formes, physiques, sociales ou psychologiques. L'âme s'est incarnée dans une vie de privation de liberté.

Les douleurs physiques inexpliquées

Elles peuvent également résulter de mémoires karmiques, une blessure forte ou traumatisante dont l'âme a gardé la trace et qu'elle retranscrit dans le corps au moment de la réincarnation.

Nos mémoires karmiques peuvent influer et faire écho sur notre vie présente. Encore une fois, dire que nos difficultés sont systématiquement la faute directe de nos vies antérieures est à mon sens un raccourci un peu trop surfait et la meilleure manifestation de la mauvaise foi et de l'ego. En effet, rejeter la faute sur l'extérieur permet de ne pas regarder en soi ou aller chercher ce qui fait mal et bouscule les constructions préétablies. C'est LA solution de facilité. Je ne peux pas vous dire que ce n'est jamais le cas pour autant ! Oui, cela arrive, mais cela est loin d'être la majorité des cas. Les vies antérieures sont bien souvent un reflet, un écho, un miroir de ce qui existe déjà dans nos vies. Voilà pourquoi j'aime les comparer au phare qui éclaire le bateau perdu en pleine nuit : le phare montre la direction au bateau afin qu'il ne s'échoue pas sur les roches, toutefois il n'est pas la raison pour laquelle le bateau s'est égaré en mer. En général, le bateau se perd à cause des intempéries, d'avaries mécaniques ou de mauvais choix du capitaine, mais ce n'est certainement pas la faute du phare. Il en est de même pour nos vies passées, elles ne sont que rarement la cause directe de nos problèmes. Cependant, certains souvenirs avec un marqueur énergétique fort ou face auxquels nos émotions sont engagées peuvent accentuer une difficulté ou une potentialité. Avoir accès à cette vie, c'est alors avoir accès au phare : elle vous indique les zones de votre vie qui ont besoin de lumières et de travail.

Une fois cette idée reçue et acquise, vous verrez à quel point vos souvenirs de vies passées vous accompagneront avec bienveillance sur votre chemin présent. Ils se signaleront à vous telles des balises pour vous guider. Certains seront plus tenaces, plus vifs ou plus doux que d'autres, mais rappelez-vous que le souvenir des vies passées n'est pas une émotion en tant que telle, c'est un influx énergétique. Cela étant, notre positionnement face à ce souvenir et les affects engagés peuvent les rendre plus ou moins fluides, doux ou douloureux.

Apaiser les mémoires trop vives

Comme expliqué plus haut, certaines mémoires karmiques sont plus tenaces, plus fortes ou plus vives que d'autres pour des raisons propres à l'âme ou à l'affect que lui porte l'humain. Quoi qu'il en soit, ces mémoires ne doivent pas prendre le pas sur la vie présente. Ce n'est pas leur rôle, elles n'ont ni cette vocation ni cette fonction. Elles peuvent revenir à la conscience pour activer justement la conscience, mais elles ne doivent pas la « polluer ». Voilà pourquoi le médium, le chamane, le magnétiseur ou tout autre praticien énergétique pourra vous proposer un soin ou un accompagnement énergétique pour apaiser certains souvenirs et faire en sorte qu'ils n'occupent pas le devant de la scène. Si je vous en parle aujourd'hui, c'est que je l'ai moi-même vécu et que j'aurais tendance à encore le vivre. Mais voilà, j'ai été et je suis toujours bien accompagnée sur ce chemin. Par mes guides, d'une part, tout à fait partants pour me fermer les portes d'accès lorsque mes émotions liées aux souvenirs se retrouvent en déséquilibre avec mon quotidien. J'ai alors plus de mal à me connecter à cette mémoire, et les synchronicités sont moins fortes et moins présentes. D'autre part, j'ai le bonheur d'être accompagnée par des humains hors du commun, bienveillants, patients et qui n'hésitent pas à « remettre l'église au milieu du village » lorsque cela est nécessaire par une discussion ou par un soin énergétique. Je sais que cela peut sembler quelque peu brutal, mais vivre dans les mémoires du passé, c'est fermer la porte au présent. Or nous sommes incarnés ici et maintenant, nous sommes ici pour nous parfaire, éveiller notre conscience et notre humanité.

Voici le cas du petit James Leninger, qui regroupe à la fois un réveil des mémoires par un stimulus extérieur, un réveil des potentialités et un blocage qui se cristallise par des cauchemars d'un avion en feu.

À la suite d'une visite dans un musée de guerre avec ses parents, le petit James, âgé de six ans, commença à faire des cauchemars réguliers et intenses d'un avion en feu. Les parents inquiets furent rapidement rassurés par le corps médical, les cauchemars à cet âge étant tout à fait naturels et sains. Cependant, James développait en parallèle une passion pour les avions de guerre, connaissait des termes techniques poussés, mentionnant même parfois des équipements qui n'existaient plus sur les appareils modernes, mais qui étaient bel et bien présents sur d'anciens modèles. Une nuit, un nouveau cauchemar le saisit. James décrivit la scène à ses parents : son avion en feu, la panique, il expliqua qu'il ne pouvait en sortir. L'enfant se calma lorsque sa mère, suivant les conseils du médecin, lui demanda :

— Qui est le petit homme qui ne peut pas sortir ?

James s'écria :

— Moi !

— Et qu'est-il arrivé à ton avion ?

— Il s'est écrasé en feu.

— Et pourquoi s'est-il écrasé ?

— J'ai été abattu.

— Qui t'a abattu ?

— Les Japonais !

La grand-mère fut la première à évoquer la réincarnation, mais les parents n'y croyaient pas. Ils décidèrent alors d'aller plus loin dans leurs questions et leurs recherches, et demandèrent à James :

— Te souviens-tu du type d'avion que tu pilotais ?

— Un Corsair.

— Te souviens-tu de l'endroit d'où l'avion a décollé ?

— D'un bateau, le *Natoma*.

Le père vérifia ces termes et découvrit qu'un porte-avion américain, l'*USS Natoma Bay*, transportait des Corsair pendant la guerre.

Intrigués, mais toujours pas convaincus, les parents poursuivirent leurs investigations :

— Connais-tu le nom d'un de tes camarades ? lui demanda son père.

— Jack Larsen, répondit l'enfant.

Ce jour-là, il dessina un avion en flammes, et signa sa feuille « James 3 ». Les parents retrouvèrent la trace de Jack Larsen et partirent à sa rencontre. Le vétéran valida tous les détails du récit. Tout ceci était incroyable, impensable pour les jeunes parents, la réincarnation ne faisait pas sens, elle échappait à toute logique. Pour les aider à mieux comprendre le processus, ils contactèrent Carol Bowman, une psychothérapeute célèbre aux États-Unis pour son *bestseller* sur la réincarnation chez les enfants [17]. Tout comme le Dr Stevenson, elle put étudier des dizaines de cas et rassura les parents sur ce phénomène plus fréquent qu'on ne le pense. La psychothérapeute leur conseilla d'apaiser leur enfant en s'adressant directement au pilote, de ne surtout pas nier le souvenir et de le laisser s'exprimer comme tel.

L'histoire du petit James fascine par les connaissances et le récit détaillé du jeune garçon. La visite au musée est le stimulus extérieur, l'élément déclencheur qui permit aux souvenirs de regagner la conscience avec une netteté et une précision que James doit à son jeune âge, un âge auquel les enfants sont encore peu exposés aux schémas mentaux et aux conditionnements sociétaux. La grande question est de savoir où

---

17. *Children's Past Lives, How Past Life Memories Affect Your Child*, Bantam Books, 1998.

en est James aujourd'hui, a-t-il gardé ses connaissances en aéronautique ? Ce que nous savons, c'est que James ne fait plus aucun cauchemar et qu'il ne relate plus de souvenirs de vies passées, tout s'est arrêté le jour où la famille est allée déposer des fleurs sur la tombe de James Houston Junior (James 2, donc) au large du Japon…

Comment opérer un travail sur ses vies antérieures ?

Seul ou accompagné : un choix personnel

Lorsqu'on entame un travail personnel, quel qu'il soit, la première question qui se pose est : comment et avec qui ?

Concernant « avec qui », vous êtes votre seul maître. Nous sommes tous différents, nous avons tous un caractère et une sensibilité qui nous sont propres, une histoire dont nous sommes les seuls gardiens et les seuls porteurs. À vous, donc, de voir ce qui vous convient le mieux. Pour certains, faire cavalier seul sera plus confortable, plus aisé et plus rassurant. Pour d'autres, la présence d'un « initié » ou d'une personne guide sera vitale pour avancer, pour recadrer et pour rassurer. Nous ne sommes pas tous nourris par les mêmes peurs et les mêmes insécurités, ainsi vont la vie et la condition des hommes. À titre personnel, j'ai fait le choix de l'accompagnement, je ne me voyais pas avancer seule et j'avais grand besoin d'être rassurée tout en suivant mon propre rythme.

Quoi qu'il en soit, que vous fassiez cavalier seul ou monture commune, le plus important est d'écouter votre âme, votre intuition, vos besoins et vos envies. Il n'y a pas de mauvais choix tant que ces choix sont portés par le respect de votre chemin et de votre être profond.

Avec quel outil engager cette initiation ?

Nous avons vu qu'il y avait de nombreux outils pour accéder à nos souvenirs de vies passées. Ces méthodes ne pourront pas toutes faire remonter des souvenirs capables d'éclairer votre vie présente, certaines permettent parfois juste des accès informationnels, car l'instant s'y prête et la personne est prête à la recevoir. Cependant, le praticien que vous choisirez peut orienter la séance vers ces vies « éclairantes » par simple intention, demande, ou en mettant en place un protocole strict, ce qui est par exemple le cas de l'hypnose régressive.

Il y a aussi une méthode dont je ne vous ai pas encore parlé et qui a pour seul et unique but d'éclairer le chemin du présent en allant saisir les résonances de nos vies passées sur notre présent : la guidance.

La guidance de vies antérieures

La guidance est un outil médiumnique. Le médium se connecte à une ou plusieurs mémoires de vies antérieures, selon la requête du consultant. Pour ma part, je demande toujours à l'univers de me guider vers les mémoires karmiques qui permettront d'orienter, d'éclairer et d'accompagner le consultant dans sa vie présente. Je sollicite l'accès à l'effet miroir. Cela étant, certaines personnes qui ont des souvenirs d'une ou de plusieurs vies en particulier peuvent en demander l'accès pour obtenir plus de détails ou une confirmation.

C'est précisément ce que j'ai fait quelques semaines avant d'entamer l'écriture de ce manuscrit. Je ne pouvais pas dire que je doutais de mes souvenirs de vies passées de ma vie anglaise, bon nombre d'entre eux m'avaient été « montrés » en astral, et les âmes que j'y avais côtoyées n'étaient jamais avares de signes et de synchronicités. Seulement, là, je doutais. J'allais écrire sur une page spirituelle et intime de ma vie que je m'apprêtais à partager au monde. C'est alors que j'ai contacté David F., un médium de ma région dont la réputation n'était plus à faire. Je l'avais rencontré lors d'une de mes conférences à Caen dont il était l'organisateur, je savais que nous avions la même vision du monde subtil et des énergies, mais je savais aussi que je prenais un gros risque personnel. Que se passerait-il si ce que David me disait ne correspondait en rien à mes souvenirs et à mes ressentis ? Quelles en seraient les conséquences ? En même temps, je devais le faire, j'avais besoin d'être confortée dans la voie que j'empruntais. Je pris rapidement rendez-vous, un rendez-vous que je n'étais pas près d'oublier.

J'ai d'abord demandé à David s'il aimait les défis, car je ne comptais pas lui envoyer la photo d'un simple défunt, mais bel et bien les portraits de Thomas Cromwell et de Thomas More (mon contact avec Anne datant de mon enfance, je me sentais moins dans l'urgence de le faire), autrement dit des portraits de cinq cents ans avec un égrégore collectif certes limité, mais non négligeable. Cela tombait à merveille, car David adorait les défis et reçut ma proposition avec un peu de stress, mais beaucoup d'enthousiasme. Le matin du rendez-vous, je lui transmis donc le portrait de Cromwell sans lui donner ni nom, ni date, ni pays. Je fus abasourdie par l'interaction qu'il engagea avec l'énergie en question. David me livra des messages de Cromwell qui m'étaient destinés et me donna des détails très précis sur sa vie privée et professionnelle. Il me communiqua également des noms, la nature de notre relation, et put même retranscrire certains de mes propres souvenirs qui n'apparaissent nulle part ailleurs que dans mon esprit ! Cerise sur le gâteau, David me donna mon ancienne identité, tout ceci sans information préalable. Au bord des larmes après ces premières informations, je lui remis dans la foulée le portrait de Thomas More et j'assistai à un *bis repetita.* Alors, bien sûr, les guidances ne se passent pas toujours de manière aussi fluide et intense : David est un excellent médium et mes souvenirs sont forts et nombreux, la conjecture de ces deux variables a contribué à cet échange incroyable.

À l'issue de ce rendez-vous, j'étais bouleversée, les émotions m'envahirent et il me fallut quelques heures pour recouvrer mes esprits. Alors, cette séance était-elle indispensable ? Non ! Cependant, en tant qu'humaine, elle m'a permis de lancer mon manuscrit avec foi en apaisant mon mental.

Vous voyez, il y a mille et une façons d'appréhender une guidance de vies passées, selon vos besoins, vos attentes, le travail que vous comptez faire… ou pas ! Cela peut juste être de la curiosité. Quoi qu'il en soit, vous avez les cartes en main, vous avez le choix, vos souvenirs sont là, accessibles par le travail et de nombreux outils. À vous de voir ce que vous souhaitez en faire.

L'importance du travail humain

Le travail humain est indissociable du travail énergétique en général, et d'autant plus pour les vies antérieures. Qu'entendons-nous par travailler son humain ? Il s'agit d'apprendre à mieux se connaître, à mieux appréhender notre fonctionnement, avec tous les aléas et les difficultés que cela comporte. Nous nous sommes tous construits sur un ensemble de codes et d'exigences imposés par nos schémas familiaux ou par la société. Ces schémas sont souvent de vastes écrans de fumée qui nous enferment dans des systèmes de fausses croyances et nous restreignent sur le plan humain, émotionnel et énergétique.

Si nous voulons exploiter pleinement notre potentiel énergétique (médiumnique, intuitif, etc.), il est indispensable d'avoir connaissance de nos points forts, mais aussi de nos points faibles et des casseroles que nous traînons. Là encore, il suffit d'aligner le corps, le cœur, l'âme et l'esprit pour pouvoir cheminer avec justesse et légèreté.

Les personnes emprisonnées dans leur système intrinsèque de fausses croyances ne peuvent ni ressentir, ni canaliser, ni comprendre la nature de leurs ressentis avec justesse puisqu'elles les analysent avec une grille de lecture biaisée par le conditionnement, des constructions mentales fortes souvent associées à une lourde charge émotionnelle.

Ce que mes vies antérieures m'ont apporté

Si je parle de l'ensemble des vies antérieures dont j'ai connaissance aujourd'hui, je dirais avant tout qu'elles sont venues renforcer ma foi et apaiser (quelque peu) ma crainte de la mort. Elles m'ont aussi permis de comprendre une partie du fonctionnement de la petite fille lunaire qui « vivait dans son monde » que j'étais, mon intérêt pour les choses qualifiées de nos jours de désuètes, telles que ma passion momentanée pour les hiéroglyphes, mon engouement et mon investissement à apprendre l'hébreu alors que je n'avais que dix-sept ans, ou mon amour pour la magie scandinave que je nourris encore aujourd'hui et j'en passe. Elles m'ont permis de comprendre que tout cela ne venait pas de « nulle part » et ont contribué à embrasser la nature profonde de mon être et des héritages de mon âme.

Cependant, c'est ma vie anglaise sous les Tudors qui rafle la mise (du moins, pour l'instant). Elle a été ma première porte d'entrée pour communiquer avec le monde subtil et les guides. Les souvenirs dont j'ai hérité ont aussi participé à ma compréhension du monde. Un monde conditionné par les certitudes, un monde qui aime nous faire croire que tout est lisse et plat. Cette vie antérieure m'a permis de me questionner, de m'autoriser à me questionner ! Non, tout n'est pas écrit, l'histoire est loin de ce qu'elle semble être, et derrière les enseignements de la matière se cachent bien d'autres faits et connaissances qui, pour certains, seront perdus à jamais.

Sur le plan du chemin personnel, ma vie sous les Tudors m'a aidée à travailler mes conflits de loyauté, mes peurs parfois irraisonnées et inexpliquées (tout n'est pas parfait, mais on avance) dans ma vie actuelle et les réactions qui les accompagnent. J'ai aussi mieux compris l'origine de mes codes ou mes attentes qui détonnent par moments avec notre siècle que nous pensons être « ultra-moderne ». Mais je ne suis pas dupe, je suis tombée dans quelques-uns des écueils que nous avons évoqués plus haut, et je sais que je ne suis pas à l'abri d'y retomber, seul le travail personnel me permettra de continuer à maintenir une distance saine avec mes mémoires, auquel cas elles deviendront une dépendance et non plus un outil de cheminement spirituel.

Enfin, c'est ma vie en tant qu'Elizabeth Seymour qui m'a portée pour écrire ce livre aujourd'hui. Il était important pour moi de partager tout cela avec vous, pour lever le tabou de la réincarnation et du reflet qu'elle apporte à nos vies, pour vous encourager, chers lecteurs, à écouter votre âme, à vous faire confiance, à entretenir votre foi et votre confiance en l'univers, même si le monde dans lequel nous vivons peut nous pousser à baisser les bras. Nous sommes là pour une bonne raison. Nous sommes là parce que c'est ainsi que l'histoire s'écrit sur terre, nous en sommes chacun une composante à part entière et nous avons un rôle à jouer pour le monde, pour notre humanité et pour notre âme.

Épilogue

Nous sommes le 18 mai 2023, Anne Boleyn aurait dû être exécutée aujourd'hui en l'an 1536, mais le bourreau venu de France se trouva retardé sur son chemin, et elle fut exécutée le 19 mai 1536, succédant à six malheureux innocents, dont son frère Georges, tous sous le coup d'accusations fallacieuses pour satisfaire un roi tout puissant. Thomas More avait été exécuté trois ans auparavant et il n'en restait que quatre avant que Thomas Cromwell ne connaisse le même destin tragique.

Nous sommes le 18 mai 2023 et je viens de terminer ce manuscrit, synchronicité conscientisée ou non conscientisée ? Désir inconscient purement humain comme pour conjurer un sort ancien ? Je n'en sais rien, mais j'aime ce clin d'œil de l'univers ! En vous emmenant sur mon propre chemin, j'espère avoir suscité chez vous un intérêt ou une envie de plonger au cœur de l'histoire de votre âme. J'espère vous avoir donné suffisamment de substance pour vous accompagner un tant soit peu sur votre chemin spirituel. Voyez comme les vies antérieures ne sont pas de simples reliques du passé. Voyez comme elles peuvent secouer votre présent et vous aider à avancer. Elles sont les expériences de votre âme et font partie de ce parcours initiatique. Autorisez-vous la connexion aux multiples mémoires de l'âme (seulement si le cœur vous en dit, bien sûr !). L'univers est bon et généreux, si vous trébuchez, il sera là pour vous tendre la main avec toutes les âmes qui ont parsemé vos vies d'antan.

Quant à mes récits, j'espère qu'ils ont contribué à lever le tabou et à libérer la parole sur ces souvenirs si souvent considérés comme des idées folles et superstitieuses. Il est évident que je ne vous demande pas de me croire lorsque j'affirme que ces personnages ont eu un rôle fondamental dans ma vie du XVIe. Je ne vous ai d'ailleurs pas tout dévoilé, je garde quelques informations secrètes, des informations entre mon âme, mon être, et ces âmes. Vous prouver que j'ai été Elizabeth Seymour ? Je ne le peux pas… Je ne peux que vous apporter mon lot de rencontres, de synchronicités et d'expériences, non pas pour vous convaincre, mais pour vous aider à avoir la foi et à laisser le voile de l'oubli consenti se lever sur vos propres souvenirs. L'univers est bien plus vaste et bien plus complexe que notre vision humaine rétrécie et limitée, nous ne comprenons qu'une infime partie de ce qu'il est.

Les vies antérieures ont été ma porte d'entrée dans le monde du subtil, la voie d'accès à mes mémoires, mais aussi à la médiumnité et aux voyages astraux. Elles ont été, sont et seront toujours les trésors de mon âme que je chéris tout en continuant de travailler pour qu'elles ne me submergent pas. Car, oui, écrire sur ce sujet et sur mes expériences n'a pas été chose aisée. J'ai eu le syndrome de la page blanche, l'angoisse d'être jugée, sans parler des souvenirs et des synchronicités qui peuplent encore plus mon quotidien depuis. Mais je les aime, mes vies passées. Je l'aime, ma vie anglaise. J'ai connu tellement de bonheur, d'amour, de joie, de rencontres, mais aussi d'horreur, de barbarie et de malheurs. J'ai perdu beaucoup d'êtres que j'aimais, mais qui sont encore là, quelque part, à me distiller leur amour au travers de leurs énergies.

Je tenais à rendre hommage à mes anciens « compagnons de route », Anne, Thomas M, Thomas C. Tout n'est pas écrit dans les livres, de nombreuses informations n'ont pas été enregistrées sur papier, volontairement ou involontairement. Ce qui semble évident ne l'est peut-être pas, et ce qui semble complexe est peut-être en réalité une déformation de faits simples et limpides. Ce que je sais, dans mon for intérieur, c'est qu'ils furent tous de grands esprits clairvoyants, des êtres loyaux, mais comme tout un chacun imparfaits. Qu'en est-il d'Elizabeth ? Je reste bien sûr connectée à cette part d'Elizabeth en moi. Je la ressens femme de caractère, femme meurtrie, femme courageuse, femme loyale au tempérament vif et déterminé, imparfaite, et sa vie est à jamais marquée dans mon âme. Comme le rappelait mon grand-père : « Ne juge pas l'histoire avec tes yeux d'aujourd'hui, tu serais bien prétentieuse de vouloir comprendre et juger un autre monde dont tu ignores tout ! »

Je les remercie de tout cœur de naviguer à mes côtés (et tous ceux dont je n'ai pas conscience), de ne jamais être avares de signes ou de présences, je réalise à quel point je suis chanceuse. Je dédie ce livre à votre mémoire et à celle de nos souvenirs partagés, heureux ou malheureux. Car, oui, nous avons connu de grands moments de joie, de rire, mais aussi d'horreur et de terreur.

Je n'aurais jamais pu finir ce livre sans le soutien de mon éditrice, qui a toujours cru en moi et en ma capacité à me laisser guider dans l'écriture, en soutenant mes hauts et mes bas. Je remercie mon chéri, ma flamme jumelle, pour son soutien, ses bras dans lesquels j'ai pu me reposer lorsque je pensais ne jamais avoir le « courage » de me dévoiler autant.

Merci à toi, David, pour cette guidance qui m'a permis de lever le syndrome de la page blanche en canalisant ces âmes et en me donnant accès, par ton biais, à des instants sacrés.

Enfin, merci, merci, merci, cher univers, de me faire vivre l'incroyable, l'impensable, la magie.

Je vous souhaite une initiation douce et enveloppante sur le sentier de vos vies passées. N'oubliez pas : vous n'êtes pas seul.

“ Gardez à l’esprit que l’âme veille
avec amour sur ses souvenirs
de vies passées, il ne tient qu’à nous
de nous autoriser à décrypter
son fonctionnement et son langage. ”

Bibliographie

Le Livre des Morts de l'Égypte ancienne, traduction et translittération par Claude Carrier, 2009.

- Vol. I : Le Papyrus de Nouou. Traduction/translittération + reproduction du fac-similé, 2010 ;
- Vol. II : Le Papyrus d'Any. Traduction/translittération + reproduction du fac-similé, 2010 ;
- Vol. III : Le Papyrus de Nebseni. Traduction/translittération + reproduction du fac-similé, 2011.

Carl Gustav Jung, *Ma Vie, souvenirs, rêves et pensées* recueillis et publiés par Aniéla Jaffé, Gallimard, 1973, traduit de *Erinnerungen, Traüme, Gedanken, Rascher* (Zurich, 1962) par le docteur Roland Cahen, Yves Le Lay et Salomé Burckhardt.

Réincarnation, immortalité, résurrection, publications des facultés universitaires Saint-Louis, 1988.

Synchronicité et Paracelsica, traduit de l'allemand par Claude Maillard et Christine Pflieger-Maillard, Albin Michel, 1988.

Stéphane Allix, *Lorsque j'étais quelqu'un d'autre*, Mama Éditions, 2017.

Gerhard J. Bellinger, *Encyclopédie des religions*, Le Livre de poche, 2000.

Madeleine Biardeau, *L'Hindouisme, anthropologie d'une civilisation*, Flammarion.

Dr Roland Cahen, *L'Homme à la découverte de son âme (Structure et fonctionnement de l'inconscient)*, nouvelle édition (entièrement revue et augmentée), Albin Michel, 1987.

Paul Carus, *L'Évangile du Bouddha raconté d'après les anciens documents* (1894), traduction Milloué, Éditions Aquarius, 1902.

Paul Gilbert Choden, *Pleine conscience et compassion,* Éditions Masson, 2015.

André Couture, *La Réincarnation au-delà des idées reçues,* Éditions de l'Atelier, 2000.

André Couture, *La Réincarnation : théorie, science ou croyance ?* avec la collaboration de M. Saindon, Éditions Paulines, 1992.

Patricia Darré, *Un souffle vers l'éternité,* Éditions Michel Lafon, 2012 ; *Les Lumières de l'invisible,* Michel Lafon, 2013.

A. Des Georges, *La Réincarnation des âmes selon les traditions orientales et occidentales,* Albin Michel, 1966.

Jean-Marie Détré, avec la collaboration de Joseph Hériard Dubreuil, *La Réincarnation et l'Occident,* tome 1 (de Platon à Origène) et tome 2 (d'Origène à Lessing), Éditions Triades, 2003 et 2005.

Albert Einstein, *Comment je vois le monde,* Flammarion, 2017.

Bahram Elahi, *La Voie de la perfection. L'enseignement secret d'un maître kurde en Iran,* Seghers, 1976 ; nouvelle édition entièrement revue et augmentée sous le titre *La Voie de la perfection. Introduction à la pensée d'Ostad Elahi,* Albin Michel, 2018.

Jan Gonda, *Les Religions de l'Inde, I : Védisme et Hindouisme ancien*, Payot, 1979.

René Guénon, *L'Erreur spirite*, Marcel Rivière, 1923 ; réédition, Éditions Traditionnelles, 1952.

Maurice Halbwachs, *La Mémoire collective*, Éditions Brochet, 1997.

Lee Harris et Diana Edwards, *Conversations magiques avec nos guides*, Éditions Jouvence, 2023.

Richard Harvey, *Votre être essentiel*, Améthyste Éditions, 2020.

Carl Gustav Jung, *L'Énergétique psychique*, Georg, 1973.

Emmanuelle Johnson, *Ouvrir les portes de ses vies antérieures*, Éditions Jouvence, 2022.

Emmanuelle Johnson, *Expérimenter le voyage astral*, Éditions Jouvence, 2023.

Carl-Albert Keller, *La Réincarnation. Théories, raisonnements et appréciations : un symposium*, P. Lang, 1986.

Patrick Lévy, *Sâdhus, un voyage initiatique chez les ascètes de l'Inde*, Pocket, 2011.

Elizabeth Loftus, « Les illusions de la mémoire », conférence à Genève, 2009.

Elizabeth Loftus, Katherine Ketcham, *The Myth of Repressed Memory*, St. Martin's Griffin, 1994.

Elizabeth Loftus, Katherine Ketcham, *Le Syndrome des faux souvenirs et le mythe des souvenirs refoulés*, Éditions Exergue, 1997.

Norman C. McClelland, *Encyclopedia of Reincarnation and Karma*, McFarland, 2010.

Fabien Marchand, Denis Mourizard et Anaïs Doussot, *Flammes jumelles : de la gémellité à l'unicité*, Unity Is The Key, 2018.

Daniel Meurois, *Les Annales akashiques... portail des mémoires d'éternité*, Le Passe-Monde, 2007.

Denis Müller, *Réincarnation et foi chrétienne*, Labor et Fides, 1986.

Papus (Dr Gérard Encausse), *La Réincarnation. L'évolution physique, astrale et spirituelle. Ce que deviennent nos morts* (1912), 3e édition août 1945. Dangles, 1999.

Donald B. Redford, *The Oxford Encyclopedia Of Ancient Egypt*, Oxford University Press, 2001.

Jan van Rijckenborgh, *Le Mystère de la Vie et de la Mort*, Éditions du Septénaire, 1983 (Rose-Croix).

Sogyal Rinpoché, *Le Livre tibétain de la vie et de la mort*, réédition par Patrick Gaffney et Andrew Harvey ; traduit de l'anglais par Gisèle Gaudebert et Marie-Claude Morel, La Table ronde, coll. « Les chemins de la sagesse », 1993 (livre tiré du Bardo Thödol).

Gershom Scholem, « Gilgul », in *Encyclopaedia Judaïca*, The Gale Group, 2008.

Christoph Schönborn, *La Vie éternelle : réincarnation, résurrection, divinisation*, Mame, 1992.

Alvaro de Silva, *The Last Letters Of Thomas More*, B. Erdmans publishing, 2000.

Jean-Louis Siémons, *Revivre nos vies antérieures. Témoignages et preuves de la réincarnation*, Albin Michel, 1984.

Rudolf Steiner, *Chronique de l'Akasha*, Éditions Anthroposophiques, 2006.

Rudolf Steiner, *La Science de l'Occulte* (1911), Triades, 1993 (anthroposophie).

Ian Stevenson, *Vingt cas suggérant la réincarnation* (1966, 1980), traduit de l'américain par Ariane de Lestrange, J'ai lu, 2007, 667 p. (enquête scientifique sans conclusion tranchée).

Narada Thera, *La Doctrine bouddhique de la re-naissance*, traduction André Migot, A. Maisonneuve, 1953 ; réédition Librairie d'Amérique et d'Orient, 1979.

Pascal Thomas (pseudonyme collectif), *La Réincarnation oui ou non ?* Le Centurion, 1987.

Pascal Thomas (pseudonyme collectif), *Réincarnation, résurrection*, Plon-Mame, 1995.

Michel Tramontane, pseud. Michel Teston, *De la psychanalyse à la réincarnation*, Éditions Michel Teston, 1985.

Guenther Wachsmuth, *La Réincarnation, phénomène de métamorphose*, traduit de l'allemand par Henriette et Marcel Bideau, Éditions de la Science spirituelle, 1938. Helena Blavatsky, *La Clef de la théosophie* (*The Key to Theosophy*, 1889), exposé clair, sous forme de questions et de réponses, sur l'éthique, la science et la philosophie, nouvelle trad. de l'original anglais par Brigitte Taquin, Éditions Adyar, 1993.

À propos de l'autrice

© Eirin

Emmanuelle Johnson est issue d'un parcours universitaire en psychologie avec une affinité particulière pour les neurosciences. Après un travail personnel, riche d'expériences spirituelles et initiatiques, elle se passionne pour les vies antérieures et les liens d'âmes. Aujourd'hui installée comme magnétiseuse, elle accompagne ses clients sur leur cheminement personnel et spirituel. Elle est l'autrice, aux Éditions Jouvence, des ouvrages *Ouvrir les portes de ses vies antérieures* et *Expérimenter le voyage astral.*

De la même autrice aux Éditions Jouvence :

Ouvrir les portes de ses vies antérieures

Vie après vie, nous expérimentons, nous apprenons, nous retrouvons des âmes déjà rencontrées par le passé. Cet ouvrage et son oracle vous accompagnent dans l'univers aussi passionnant qu'énigmatique des vies antérieures.

Commencez par découvrir les notions énergétiques fondamentales qui vous aideront à comprendre et appréhender vos souvenirs de vies passées ou certaines relations qui semblent échapper à toute compréhension humaine. Connectez-vous ensuite à votre intuition et ouvrez les portes du temps et de vos liens karmiques.

128 pages • 18 cartes détachables • 9,90 €

EMMANUELLE JOHNSON
EXPÉRIMENTER LE
VOYAGE
ASTRAL
ORACLE
18
CARTES
INCLUSES
JouVence
éso

Expérimenter le voyage astral

Le voyage astral pose l'idée que notre corps énergétique peut s'extraire de notre corps physique et explorer d'autres plans de conscience. Quel est le champ des possibles lors d'un voyage astral ? Quelle est son utilité ? Comment le mettre en pratique ?

Au-delà de l'expérience énergétique extraordinaire qu'il représente, le voyage astral est également un formidable outil de développement personnel et un chemin initiatique au cœur de l'être et des dimensions subtiles.

128 pages • 18 cartes détachables • 9,95 €

Également aux Éditions Jouvence :

Conversations magiques avec nos guides
L'énergie de la nouvelle âme humaine

Lee Harris et Dianna Edwards,
traduit par Emmanuelle Johnson

Depuis plus de vingt ans, le célèbre médium canal américain Lee Harris reçoit régulièrement des messages de ses guides : les Z. Soucieux de partager ces guidances pleines de sagesse avec le plus grand nombre, il a ainsi aidé des centaines de milliers de personnes dans le monde. *Conversations magiques avec nos guides* retranscrit ses canalisations médiumniques et ses échanges, en compagnie de la psychothérapeute Dianna Edwards.

176 pages • 16,95 €

LA DOUCE PYTHIE
GUÉRIR SES BLESSURES D'ÂME
AVEC LES
ANNALES
AKASHIQUES
ORACLE
24
CARTES
INCLUSES
JouVence
éso

Guérir ses blessures d'âmes avec les annales akashiques

La Douce Pythie

Les annales akashiques sont une immense bibliothèque d'archivage où sont conservées toutes les informations de chaque individu ayant vécu sur terre. Elles contiennent chacune de nos pensées, actions, paroles, intentions et l'ensemble de nos sentiments. Et ces archives exercent une influence considérable sur notre quotidien et nos relations.

Découvrir ses vies passées et leurs influences, obtenir des conseils sur des schémas indésirables, recevoir de l'inspiration ou encore comprendre des vérités spirituelles profondes : les annales akashiques offrent de nombreuses explorations passionnantes ! Cet ouvrage vous invite à faire le point sur vos blessures d'âme. Il vous guidera pour comprendre ce que vous vivez, pour consulter vos mémoires akashiques avec l'aide des 24 cartes, pour avancer et grandir.

128 pages • 24 cartes détachables • 9,95 €

CÉLINE COLLE
FLAMMES JUMELLES
VIVRE UNE RELATION KARMIQUE INITIATIQUE
ORACLE
18 CARTES INCLUSES
JouVence éso

Flammes jumelles : vivre une relation karmique initiatique

Céline Colle

La littérature regorge d'histoires d'amour au sein desquelles deux personnes sont irrésistiblement attirées l'une par l'autre, même quand tout les oppose. S'agit-il pour autant de flammes jumelles ? Une croyance veut que certaines âmes, avant de venir vivre leur expérience ici-bas, aient choisi de se scinder et d'investir deux corps afin de vivre une incarnation particulière.

À travers l'explication de la relation flammes jumelles, son origine, son parcours, ses difficultés, sa comparaison avec d'autres relations karmiques et, surtout, sa grande mission, ce livre permet de comprendre et d'accepter ce lien passionné et douloureux.

Grâce aux 18 cartes de l'oracle, vous obtiendrez de manière originale et intuitive des réponses sur la relation que vous êtes en train de vivre.

128 pages • 18 cartes détachables • 9,95 €

David Perroud
Helen Mc Geachy
Les secrets de notre
CONSCIENCE
JouVence éso

Les Secrets de notre conscience

David Perroud et Helen Mc Geachy

« Sommes-nous là par hasard ou notre existence a-t-elle un but, un sens ? » Adèle et Élio, deux individus qu'a priori tout oppose, sont loin de se douter que cette délicate question soulevée sur des airs de défi, va changer leur vie à tout jamais.

D'échanges animés en expériences étonnantes, les certitudes d'Adèle, ingénieur en électricité au mental très ancré, risquent bien de voler en éclats, sous l'accompagnement bienveillant d'Élio, magnétiseur, familier des pratiques de pleine conscience.

Et, en chemin, c'est nous, lecteurs, qui savourons la vulgarisation de haut vol de notions phares comme les corps énergétiques, les flammes jumelles, les sorties hors du corps, les expériences de mort imminente ou encore la création du futur.

Format poche • 192 pages • 9,95 €

Jérémy Rueda
ORACLE BOOK
Posez une QUESTION et ouvrez le livre pour trouver la RÉPONSE
Jouvence éso

Oracle Book

Jérémy Rueda

Ce livre détient les réponses à vos questions.

Placez votre main gauche sur la couverture de l'*Oracle Book* et prenez un instant pour vous recentrer. Respirez profondément. Posez votre question et faites défiler les pages jusqu'à atteindre celle qui vous délivrera un message de vos guides.

176 pages • 16,95 €

NOTES

NOTES

NOTES

FSC
www.fsc.org
MIXTE
Papier | Pour une gestion forestière responsable
FSC® C104608

Dépôt légal : novembre 2023
Achevé d'imprimer en novembre 2023
Imprimé au Danemark par Nørhaven